1. Auflage 2021
© Ueberreuter Verlag GmbH, Berlin 2021
ISBN 978-3-7641-7106-3
Lektorat: Angela Iacenda
Umschlag- und Innenillustrationen: Alexandra Helm
Druck und Bindung: Finidr s.r.o., Český Těšín
Gedruckt auf Papier aus geprüfter nachhaltiger Forstwirtschaft.
www.ueberreuter.de

ueberreuter

That's me

That's me. Mathilda.

Im Moment sitze ich am Schreibtisch und übe meine Unterschrift. Nicht, dass irgendjemand auf der Welt meine Unterschrift bräuchte, aber ich bin gerne vorbereitet …

Ich schwanke noch zwischen *Mathilda Zimmermann, M. Zimmermann, Mathilda N. Zimmermann* und *M. N. Zimmermann.* Zimmermann ist eigentlich ganz praktisch wegen des großen Zetts, das kann man rasant und zackig über die Linie wuschen und anschließend die vielen Ms und Ns meines Namens in mehr oder weniger wogenden Wellen hintendransetzen – aber *Mathilda* hat echt sehr viele Schwungschwingen: Egal wie ich es schreibe, es sieht einfach immer niedlich aus, auch wenn man den i-Punkt nicht kringelt (was ich aber sowieso nicht mache, weil ich

 3

keine i-Punkt-Kringlerin bin). Moment, stopp, nicht dass du denkst, ich mag meinen Namen nicht, doch, doch! Auch die vielen Abkürzungen: M, Matz, Tilda, Matti, Matzi, Tildi … Meine große Schwester Olivia, genannt Liv, sagt meistens Milda. Sie hat sich nämlich bis zum Kindergarten geweigert, bestimmte Buchstaben auszusprechen, Ts und Rs und S und Sch und alle Ffff- und sonstigen Zischlaute. Mama zieht sie heute noch damit auf, dass sie auf die Frage der Erzieherinnen, wie ihr Name sei, geantwortet habe: »I-hei-he-Li!« oder auch »I-bi-die-Li.«

Das N steht für Nike, das ist mein zweiter Vorname. Nike, wie die Sportmarke. Die Sportmarke spricht man übrigens *Nai*-ki aus, nicht *Naik*, habe ich im Fernsehen gesehen, da hat ein Reporter den Nai-ki-Chef persönlich danach gefragt.

Nike ist die griechische Göttin des Sieges und zu der sagt man ganz normal Niiike. Die römische Göttin des Sieges heißt Viktoria, deswegen ist das auch Livs zweiter Vorname. Weshalb Mama ausgerechnet diese beiden Namen ausgesucht hat, ist ein bisschen peinlich und hat was mit Fortpflanzung zu tun. Die Geschichte geht so: Weil Mama mit vier Brüdern aufgewachsen ist und das ziemlich stressig gewesen sein muss, hat sie sich nichts mehr als eine

 4

Tochter gewünscht. Dass ihr erstes Kind dann tatsächlich ein Mädchen wurde, bedeutet ja, dass ein weiblicher Samen das Rennen zur Eizelle gewonnen hat, er war also der Sieger, deswegen Viktoria. Und als ich dann auch ein Mädchen wurde, war es eben Nike.

Na ja, meine Mutter ist speziell. Aber speziell nett. Ein bisschen verrückt vielleicht. Verpeilt. Aber so sind Künstlerinnen halt. Im Moment experimentiert sie mit Marmelade-Bildern. Sag jetzt einfach nichts ... Anscheinend gibt es Menschen, die kaufen Gemälde nicht nur, weil ihnen gefällt, was drauf ist, sondern auch wegen der Mal- oder Farbtechnik oder wegen der Crazyhaftigkeit des Künstlers. Wenn du mich fragst, ist der einzige Grund, warum Mama mit Marmelade malt, dass die sehr, sehr viel günstiger ist als echte Künstlerfarbe. Mama hat aber auch noch einen *Brotjob*, also einen, mit dem sie unser Geld verdient. In einer Kunstgalerie verkauft sie »langweiliges Mainstream-Konserven-Gekritzel«, wie sie das nennt. Und dazu stehen Mamas Bilder echt im krassen Gegensatz. Ich finde sie toll, unser Haus hängt voll davon. Sogar von außen, auf der Terrasse und an der Hauswand auf dem Weg zur Garage. Und zur Not könnte man sie ja sogar aufessen, na ja, zumindest abschlecken.

Es ist überhaupt sehr bunt bei uns. Wir haben rosa Kochtöpfe und jedes Zimmer hat eine andere Wandfarbe. Für Besucher ist das immer erst mal wie ein Schock und in 99 % aller Fälle kommt ein Spruch mit ›Villa Kunterbunt‹. Aber wenn man sich dran gewöhnt hat, kann man sich gar nicht mehr vorstellen, welchen Sinn es ergeben sollte, langweilig weiße Wände zu haben.

Doch eine Ausnahme gibt es: Livs Zimmer ist anders. Kahl und weiß, außer einer Wand, an der mindestens fünf Millionen Ballettbilder hängen, weil Liv eine wirklich sensationelle Ballerina ist. Sie tanzt schon, seit sie fünf ist. Ihre erste Ballettlehrerin war eine steinalte Dame mit einem sperrigen Namen, die ihr wegen ihrer mürrischen Art, dem halbdunklen Tanzraum in einer uralten Villa, bei immer geschlossenen Fensterläden und einem leiernden Kassettenrekorder, höllische Angst eingejagt hat. Aber etwas in Liv wollte tanzen, deshalb hat sie es fast zwei Jahre dort ausgehalten, bevor sie an eine modernere Schule gewechselt ist. Dafür bewundere ich sie wirklich. Ich fand das Abholen nach dem Unterricht schon den Horrortermin der Woche, weil die Ballettlehrerin dann von Mutter zu Mutter gegangen ist und immer etwas an der Schülerin auszusetzen hatte. Ich hab's später auch mal mit Ballett versucht. Aber Geräteturnen liegt mir mehr. Viel mehr sogar. Ich geh manchmal sogar dreimal die Woche hin.

Liv mag auch kein gemütliches Licht, ihr genügt eine Deckenlampe, die so kalt strahlt, dass man ein echtes Iglu-Feeling kriegt. Sie hat eine Ballettstange im Zimmer und bestimmt sechs Paare zertanzter Spitzenschuhe an der Wand hängen, die sie als Stiftebehälter benutzt. Ihr Zimmer ist also mehr ein Ballettsaal mit Bett und Schreibtisch. Wie zum Ausgleich stehen dafür im Rest des Hauses genügend Kerzen, um bei einem Stromausfall die ganze Straße zu erleuchten.

Ach so, zu Mamas Bildern wollte ich noch Folgendes erzählen: Es gibt eines von mir und Liv auf einer riesigen Leinwand im Wohnzimmer an einer moosgrünen Wand. Darauf sind nur unsere Gesichter zu sehen, in Schwarz-Weiß und so echt wie der kleine Schnappschuss aus dem Fotoalbum, von dem Mama es abgemalt hat. Und jetzt kommt's: Ich glaube, es ist das einzige Gemälde auf der Welt von zwei Kindern, die sich gerade aus vollem Herzen anbrüllen – und niemand weiß mehr, um was es bei diesem Streit eigentlich ging, aber es scheint uns beiden sehr wichtig gewesen zu sein: Man hört Liv fast kreischen, unsere Gesichter sind voller Zornestränen und mein Mund so wütend verzogen, dass ich mich frage, wie ich das hinge-kriegt habe. Wer immer das Gemälde zum ersten Mal sieht, hält kurz verwirrt inne und muss dann losprusten. Mama wartet schon immer drauf und sagt, dass die Reaktion des Betrachters die eigentliche Kunst an diesem Bild sei.

Gut, jetzt kennst du also meine Familie.

Einen Vater dazu gibt es nicht. Also es gibt ihn natürlich schon, aber nicht als Papa, wie man das so kennt. Mein Vater ›hat sich aus dem Staub gemacht‹, kaum dass ich auf der Welt war. Was aber natürlich nichts mit mir zu tun hat – was einer von Mamas am häufigsten wiederholten Sätzen ever ist, damit ich nicht denke, ich sei daran schuld, und ein Trauma kriege oder so was. Als ich noch kleiner war, habe ich mir immer vorgestellt, mein Vater müsse ein Staubgeist sein, grau und irgendwie neblig und trüb, ohne Gesicht. Das hat für mich ganz gut gepasst. Irgendwann habe ich dann verstanden, dass ›aus dem Staub machen‹ eine Art Umschreibung für ›einfach abhauen‹ ist. Und als wir vor Kurzem in der Schule Sprichwörter analysieren sollten, war es klar, welches ich auswähle. Und siehe da, es bedeutet tatsächlich genau das, was es beschreibt: Frü-her im Krieg, wenn die Soldaten auf den Schlachtfeldern aufeinander losgingen, wurde immer sehr viel Staub aufgewirbelt. Den haben manche Soldaten ausgenutzt, um ungesehen zu fliehen und sich in Sicherheit zu bringen. So was nannte man *Fahnenflucht* und das war total verboten und wurde hart bestraft, meistens mit dem Tod.

Klar, einen coolen Dad zu haben, fände ich natürlich schon schön, aber wie sagt Omi immer: *Man kann nicht alles haben, wo sollte man es auch hintun?* Das ist übrigens das Tolle an meiner Omi, dass sie so praktisch ist. Zu ihrem Geburtstag und zu Weihnachten will sie zum Beispiel auf keinen Fall etwas geschenkt bekommen, so hat man schon eine Aufgabe weniger und macht ihr damit gleichzeitig die schönste Freude.

Was man als jüngeres Geschwister nie tun sollte, es aber trotzdem tut

Ich bin inzwischen mit meiner Unterschrift ganz zufrieden und stelle fest, dass zehn Minuten ja schon lässig um sind und ich mal wieder aufs Handy gucken darf. Mama hat mittlerweile so viele verschiedene Medien-Zeit-Regeln aufgestellt, dass wir eigentlich nie genau wissen, welche gerade aktuell gelten. Ich bin mir ziemlich sicher, dass wir uns im Moment auf die ›Alle zehn Minuten eine kurze Interaktion‹-Vereinbarung geeinigt haben.

Als ich mein Smartphone aufnehme, höre ich Liv nebenan über ein YouTube-Video kichern und mich durchfährt ein Stich Eifersucht. Ist Liv inzwischen aus dem Regelbefolgungsalter herausgewachsen, oder was? Sie hängt ständig am Handy und fragt nicht mal mehr, ob sie drandarf!

Sie muss auch abends das Licht nicht bis zu einer bestimmten Uhrzeit ausgemacht oder sich im Bad fertig gemacht haben. Also schon, aber macht sie halt nicht und Mama kann ja nicht gleichzeitig schlafen UND mit dem Schlaf-Zimmer-Ruhe-Handy-Chill-Zeiten-Zettel zur Kontrolle an ihrem Bett stehen. Und genauso rechtfertigt Mama ihre total unpädagogische und ungerechte Mach-halt-was-du-willst-Haltung in Bezug auf Liv auch noch, wenn ich sie drauf anspreche.

Aber das tue ich lieber nicht, zumindest nicht so oft. Denn soll ich dir sagen, was dann kommt? Du kennst das, wenn man sich als jüngeres Geschwisterkind beschwert, dass das ältere schon so viel darf und das total ungerecht und gemein ist, ich schwör's dir, lautet die prompte Antwort vom Geschwisterkind (mit einem total empörten und zutiefst beleidigten Tonfall): »Als ich so alt war wie du, durfte ich noch GAR kein Handy haben / musste ich IMMER um acht das Licht ausmachen / durfte ich NIE GNTM gucken« und so weiter.

Und die deiner Mutter lautet: »Als (Name des Geschwisterkindes) so alt war wie du, hatte er / sie noch gar kein Handy / durfte nicht mal am Wochenende so lange aufbleiben wie du unter der Woche / durfte sich niemals so schwachsinnige Sachen im Fernsehen ODER AUF DEM TABLET ansehen!!!«

Zusammengefasst wollen sie beide sagen: BESCHWER dich nicht, du hast es auf alle Fälle besser als die / der Numero Uno. Na ja, ich will das jetzt mal so stehen lassen … Ein bisschen was Wahres ist schließlich dran. Auch wenn mir natürlich tausend Gegenbeispiele einfallen. Also hundert vielleicht.

Jedenfalls sehe ich, dass in unserer Klassengruppe schon wieder siebzehn Nachrichten eingegangen sind. Von den Jungs. Nur Smileys, Kackhaufen und Kotzgesichter. Das nervt. Typisch. So was ist doch keine Unterhaltung …

Ups, da fällt mir gerade ein, dass WhatsApp ja auch zu Mamas Gegenargumenten zählt. Ich bin nämlich bei WhatsApp, wie jeder in meiner Klasse (außer einem Mädchen, das darf nicht mal ein Smartphone haben und tut mir entsprechend leid!), obwohl WhatsApp erst ab 16 ist. Aber ich glaube, Mama denkt immer noch, das sei ab 13 Jahren erlaubt, und irgendwie konnte ich sie mit meinem »Ach komm schon, Mama, 12 ist das neue 13«-Spruch überraschend schnell überzeugen, dass WhatsApp okay geht. Sie findet es nämlich selbst ganz praktisch, dass wir

 12

eine Familiengruppe haben und wenn es ihrer Beruhigung dient, uns hinterherzustalken, dann bitte.

Ich scrolle ein wenig durch meine Videos und sehe mir noch mal mein Back-DIY von gestern an. Ich bin ziemlich zufrieden damit, die Schnitte passen perfekt auf den Takt des Songs im Hintergrund. Für die Aufnahme habe ich mein Smartphone mit Doppelklebeband an die Küchenlampe über dem Tisch geklebt – keine Ahnung, warum ich da noch nicht früher draufgekommen bin, denn für die letzten Videos habe ich fast länger gebraucht, um aus irgendwelchen Bücherstapeln, Notenständern oder Tischlampen ein Stativ zu basteln, als für die eigentlichen Aufnahmen. Ich muss allerdings zugeben, dass ich die ganze Zeit ziemlich Schiss hatte, dass mir das Handy in den Teig fällt, aber dieses Spiegelklebeband pappt wirklich wie verrückt. Ich hätte das Handy beinahe nicht mehr von der Lampe bekommen – es ist auch wirklich nur ein winziges Stückchen Lack vom Lampenschirm mit abgegangen … Jetzt weiß ich endlich, warum Mama mit der Rolle so geizig ist und wir ihre persönliche Genehmigung brauchen, wenn wir von DEM GUTEN DOPPELSEITIGEN ein Stück brauchen: wie sonst halten die vielen Spiegel in unserem Haus an

den verrücktesten Stellen? Hatte ich erzählt, dass unser Haus ziemlich winzig ist? Aber mit geschickt platzierten Spiegeln kann man optisch das Doppelte an Fläche rausholen. Deswegen hängen sie überall, nein, kleben sie überall. Unser Bad zum Beispiel ist so winzig, dass man sich kaum drin umdrehen kann, aber mit den neun an die Kacheln geklebten Wandspiegeln wirkt es wie der reinste Wellnesspalast. Ganz nebenbei hat die Rundumverspiegelung auch den Vorteil, dass einem ohne große Verrenkungen ein Ganzkörpercheck gelingt, und der ist ja, gerade wenn man darauf wartet, endlich einen Busen zu bekommen, fast noch wichtiger als Zähneputzen. Und ich warte schon lang. Du weißt ja, 12 ist das neue 13, nur mein Körper scheint das nicht zu kapieren. Bei meinen Freundinnen klappt diese Haltung ohne Probleme. Bloß ich habe nicht mal den Hauch eines Hügels. Ins Freibad könnte ich locker nur in Bikinihose, oberkörpermäßig sehe ich aus wie ein Junge, während meine Freundin Polina schon einen BH trägt. Und da hilft Mamas Spruch ›Wo nix ist, kann später auch nix hängen‹, auch nicht gerade weiter. Besonders, weil ich anscheinend wirklich aus der Art geschlagen bin, Liv wächst und gedeiht nämlich in alle Richtungen, so schnell können wir gar keine BHs

nachkaufen, wie sie neue Größen braucht, und ich habe nicht das Gefühl, dass ein Ende in Sicht ist.

Dass meine Pubertät aber doch irgendwie im Gange ist, lässt sich immerhin an meinen (spärlich) sprießenden Schamhaaren erkennen. Manchmal wächst wochenlang keins, dann sind plötzlich über Nacht drei dazugekommen. Tja, mit zwölf kannst du deinen Schamhaaren noch Namen geben … Vor Kurzem hatten wir einen Termin zur Jugenduntersuchung bei der Kinderärztin. Wie jedes Mal betrachtete sie mich mit gerunzelter Stirn, als ob sie mich zum ersten Mal sähe, dabei bin ich seit meiner Geburt bei ihr in Behandlung und zusätzlich dasjenige Kind, das immer den Kopf schüttelt, wenn sie einem nach der Untersuchung das Gummibärchenglas hinhält. Es gruselt mich schon beim Gedanken daran, wie viele Schnupfen-Husten-Windpocken-und-was-weiß-ich-alles-für-Viren-und-Bakterien-Hände da jeden Tag reinfassen!

Also, die Augen der Ärztin bohrten sich in mein T-Shirt und als sie dort nicht den Hauch einer Wölbung entdecken konnte, schob Mama den hilfreichen Satz: »Sie ist halt sehr sportlich« hinterher, als ob sie sich für meinen fehlenden Busen entschuldigen müsste. Das wollte Frau Dr. Dings, ich vergesse immer, wie sie heißt, aber nicht gelten lassen und ehe ich michs versah, hatte sie auch schon in meinen peinlichen Kätzchen-Schlüpfer gelinst, der seit ich neun bin einfach nicht zu klein wird, und ließ den Bund mit einem zufriedenen Nicken wieder an meinen Bauch zurück flitschen. Übersetzt hieß das wahrscheinlich so viel wie: Alles im grünen Bereich, solange es dort unten sprießt, kommt der Rest auch noch.

Ich starte mein Video, die Musik legt los und meine Stimme ertönt:

»Hi Leute, hier bin ich wieder, eure Matti von Amazing Jumping Cupcake, DEM Channel für Lifestyle, Süßes und …«

»Nicht schon wieder, ich hab das jetzt schon hundert Mal gehört!«, brüllt Liv herüber, gefolgt von einem dumpfen Schlag, als sie zur Betonung ihrer Genervtheit etwas an die Wand zwischen unseren Zimmern wirft.

Hastig stelle ich den Ton leiser.

»Ist ja guuut!«, rufe ich augenrollend.

»… heute zeige ich euch, wie man aus Puff Pastry etwas ganz Besonderes zaubert«, erkläre ich im Video weiter. »Alles, was ihr braucht, ist eine Rolle Blätterteig, Zimtzucker, Schokocreme, Marmelade oder Apfelmus, Schokolade, Käse und Schinken.« Jede neue Zutat erscheint wie von Zauberhand auf dem Küchentisch. Aaah, ich kann mich gar nicht

 16

dran sattsehen, die Schnitte sind mir dermaßen gut gelungen, bin echt impressed. Achtung, jetzt, rollt sich der Blätterteig unter magischem Glitzergefunkel von ganz alleine auf einem Blatt Backpapier aus. »Und, Leute, Puff Pastry hört sich doch schon gleich viel leckerer an als Blätterteig, oder?«, kommt meine Stimme fröhlich aus dem Off.

»Ich bin so dermaßen die Videokünstlerin«, murmele ich zufrieden und stelle mir vor, wie sich, pling, pling, mit jeder Sekunde, die das Video online ist, die Followerzahl meines Kanals ins Gigantische erhöht.

Video Time

»Als Erstes zeige ich euch das Windrad.

Bestreicht das Quadrat aus Teig dünn mit Schokocreme und schneidet den Teig dann an den Ecken ein. Jetzt klappt ihr die Ecken in die Mitte und drückt sie etwas fest.

Mit der nächsten Technik werden aus langweiligen Schnecken feine Cinnamon-Flowers.

Bestreut ein rechteckiges Stück mit reichlich Zimtzucker und rollt es dann zu einer Schnur zusammen. Daraus wird eine Schnecke gedreht. Legt zwei davon aneinander und drückt sie an den Seiten richtig kräftig zusammen. Noch mal die losen Enden befestigen, fertig.

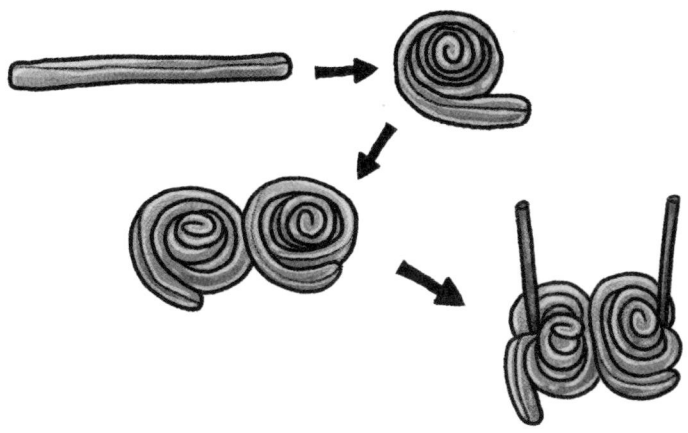

Mein liebstes Muster ist der Strohstern.

Ich nenne es so, weil es mich an Weihnachtssterne erinnert. Es geht total einfach und sieht hinterher sensationell aus. Legt ein Stück Schokolade in die Mitte und schneidet von dort aus den Teig bis zum Rand ein, klappt die Seiten über die Schokolade und presst sie gut fest. Nun drückt ihr einfach die Ecken jedes Dreiecks für den Strohsterneffekt zusammen, wow, so speziell!

Und dann sieht man, hops, hops, hops die fertigen Blätter-
teigteile aufs Backblech wandern, wo sie noch ein paarmal
um sich selbst kreiseln, bevor sie still liegen.

»Hab ich echt saugut hingekriegt«, lobe ich mich selbst.
Hat zwar Stunden gedauert, aber das hat sich gelohnt.

Da geht es auch schon mit der nächsten Szene weiter:

»Als Nächstes zeige ich euch meinen Swiss-Cheese-Wrap,
ihr werdet gleich sehen, warum er so heißt. Drückt mit
einem Zahnpastatubendeckel oder einem Fingerhut aus der
einen Hälfte von der quadratischen Teigplatte kleine Löcher
heraus. Die andere Seite belegt ihr mit Käse, Schinkenstrei-
fen oder Gemüse nach Wahl oder alles zusammen. Klappt
den Wrap zu und versiegelt den Rand mit einer Gabel.

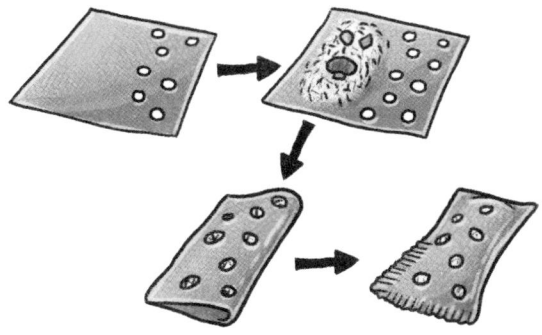

Als Letztes gibt es meine Candy-Roll, ein Bonbon aus Blätterteig.

Ihr könnt euer Candy mit Marmelade oder Apfelmus füllen. Oder einem Zettel mit einer kleinen Botschaft. Den Teig
darüber einfach zusammenrollen und die Enden verzwirbeln.
Fertig. Und ab damit in den Ofen.«

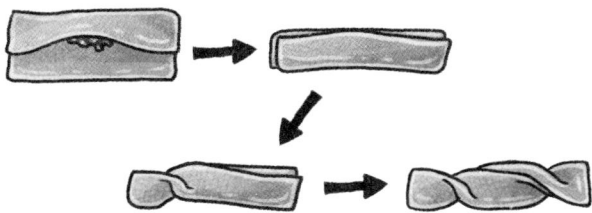

Die Szene zeigt, wie meine Hand das Backblech in den Ofen schiebt. Und jetzt kommt meine liebste Stelle: Die Ofentür schließt sich und man guckt von innen heraus und sieht, wie ich in den Ofen hineinschaue! Das war ganz schön knifflig, mein Handy für diesen Abschnitt richtig im Ofen zu arrangieren.

Im Zeitraffer geht der Blätterteig nun auf und Puderzucker stäubt in einer süßen Wolke über die Teilchen.

In der letzten Szene isst sich, knusper, knusper, haps, eins der Schokostrohsternchen von allein auf, bis nur noch Krümel an seiner Stelle auf dem Backblech liegen.

Dann rieselt Sternenstaub und Ende des Videos.

»Wow!«, sagt eine Stimme hinter mir.

»Mama!« Ich wirble mit dem Schreibtischstuhl herum. »Du hast mich total erschreckt!«

»Sorry«, sagt sie und deutet auf mein Handy. »Hammer, dein Video. Wie du das machst, ist mir ein Rätsel. Du schneidest das richtig zusammen, ja? Aber wie?«

Ich rolle mit den Augen. Ich glaube, ich habe Mama schon hundert Mal von meiner Video-App erzählt und ebenso oft, dass ich aus genau diesem Grund, eben weil ich so aufwendige Videos drehe, dringend ein neues Handy mit mehr Speicherplatz brauche.

»Ach so, ja richtig, da hast du ja so eine App«, sagt Mama und zwinkert mir zu. »Aber ganz im Ernst, ich bin wirklich beeindruckt.«

Sie sammelt ein paar Klamotten vom Boden auf und will gerade nach draußen gehen, als mich ein schier übermächtiger Zwang befällt. Ich werde jetzt etwas sagen, ich kann nicht anders, auch wenn ich weiß, dass das nur dazu führt, dass wir uns hinterher gegenseitig doof finden. Aber ich kann es mir auch nicht verkneifen.

Deshalb räuspere ich mich und gebe Folgendes von mir:

»Warum darf ich das nicht ins Netz stellen?« Und zwar im Tonfall einer trotzigen Fünfjährigen.

Korrekt, es gibt geschicktere Möglichkeiten, in ein solches Gespräch einzusteigen, aber im Grunde spielt es keine Rolle, wie ich die Frage formuliere, weil ich die Antwort sowieso längst kenne und im Grunde ja tatsächlich trotzig bin. Da macht das Alter dann auch keinen Unterschied mehr.

»Och Mathilda«, erwidert Mama prompt und klingt genervt. Und gleich wird sie sagen, dass wir dieses Gespräch doch schon hundert Mal geführt haben.

»Wir haben darüber schon tausend Mal geredet«, sagt sie.

Okay, fast getroffen.

 23

»Aber trotzdem«, erwidere ich. Puh, schwache Retoure, aber ich merke jetzt schon, wie ich sauer werde. »Dann sprechen wir halt noch mal darüber!« Ich verschränke die Arme und sehe Mama herausfordernd an.

Seufzend lässt sie sich auf mein Bett sinken.

»Ih, könntest du mal wieder frisch beziehen. Wenn ich dir schon erlaube, im Bett zu essen, solltest du wenigstens dafür sorgen, dass keine Nutella-Flecken …«

»Die anderen dürfen das doch auch«, unterbreche ich ihr Ablenkungsmanöver mit dem dümmsten, wirkungslosesten und dennoch weltweit am häufigsten benutzten Kinder-Argument. Ehrlich, ich frage mich wirklich, warum wir Kinder das tun? Jedes Mal?! Obwohl man schon VOR dem Aussprechen weiß, dass die Erwachsenen quasi nur darauf gewartet haben, dass es einem wieder rausrutscht …

Achtung, in 3, 2, 1 …

»Die anderen sind mir egal«, sagt Mama, was ja klar war. ›Aber du bist nicht die anderen‹, wäre auch noch eine mögliche Antwortalternative gewesen. Was sollte sie auch sonst erwidern: Echt, wirklich? Okay, also wenn das so ist, kein Problem, dann darfst du das selbstverständlich auch?!

»Das ist total gemein«, erwidere ich und kann nur den

Kopf über mich schütteln. Das hier ist echt Kindergarten-niveau, liebe Tildy. Du hast es voll versaut.

»Nee«, sagt Mama nur ganz lässig. »Das ist nicht gemein, sondern das Gegenteil.«

»Von gemein gibt's kein Gegenteil«, ruft Liv hilfsbereit herüber.

»Doch!«, antwortet Mama. »So was wie vernünftig, klug, wohlgesonnen.«

»Pf«, sage ich und rolle mit den Augen.

Safety first

»Mann Matti«, regt sich Mama daraufhin auf. »Okay, ich fasse es dir noch mal zusammen.« Sie holt Luft und setzt sich meinen Kuschelhund auf den Schoß. Oh nein, jetzt bitte nicht mit Hundestimme sprechen, sonst muss ich lachen, obwohl ich wütend bin … Aber Mama wedelt nur einmal mit seinem Schwanz und sagt dann: »Ich bin halt deine Mutter, daran kannst du nichts ändern. Und ich bin als Erziehungsberechtigte dazu berechtigt, dich zu erziehen. Heißt, ich bin verpflichtet, auf dich aufzupassen. Während andere Eltern alles erlauben, wie ich ja schon sehr oft gehört habe, bin ich da ein wenig wählerischer. Im Gegensatz zu anscheinend allen anderen Eltern erlaube ich es ja leider auch nicht, dass du ohne Fahrradhelm fährst, Hotpants anziehst, bei denen dein Po rausplumpst, oder mit bauchfreien Spaghetti-Tops in die Schule gehst, an denen kaum Stoff ist. Oder wir zweihundert Euro für Turnschuhe ausgeben, bloß weil da Streifen oder sonst welche Zeichen drauf sind, die du dir genauso gut selbst draufmalen könntest; und zwar auf alle fünf Paar No-Name-Schuhe, die man eigentlich für das Geld bekommt …«

»Mamaaa«, mischt sich Liv ein und lehnt sich an den Türrahmen, »Tildi hat's verstaaanden.«

»Also dann«, sagt Mama zufrieden und steht auf, als ob mit ihrem ›Ich bin deine Mutter und ich hab dich lieb und deshalb hab ich doppelt recht‹-Monolog alles gesagt wäre.

»Äh, warte mal«, sage ich, »du hast die Zusammenfassung vergessen.«

»Dein Ernst jetzt?«, fragt Mama und lässt sich wieder aufs Bett plumpsen. »Mein liebes Kind«, sagt sie. »Ich erlaube nicht, dass du einen Jutjub-Sender hast …«

»YouTube-Kanal«, verbessere ich.

»Sag ich doch. Also ich will das nicht, dass du da Videos zeigst …«

»… postest«, murmele ich.

»… von dir und von uns und von deinem Zimmer und von deinem Bett und …«

»Mama, ich mache DIYs«, unterbreche ich sie. »Hast du

 27

mich auf denen schon mal gesehen? Da sind höchstens meine Hände drauf.«

»Schlimm genug«, sagt Mama. »Und deine süße Stimme. Und Hintergrund von unserem Zuhause und so.«

»Aber …«, will ich protestieren, doch Mama redet einfach weiter.

»Das ist einfach zu gefährlich und ich hab dir schon tausend Mal …«

»Was ist denn an Backvideos gefährlich? Es gibt keine Backvideo-Stalker«, rufe ich. Ich rufe das immer an dieser Stelle und ich werde das so lang rufen, bis Mama endlich …

»Nicht die Backvideos«, sagt Mama geduldig und klopft neben sich aufs Bett.

Widerwillig setze ich mich.

»Schatz, in den Social-Media-Kanälen sind eine Menge perverser Vollidioten unterwegs. Die dann auf Ideen kommen … was weiß ich für welche. Will ich auch gar nicht wissen. Die nehmen dann mit dir Kontakt auf und schreiben dich an und bitten dich, dass das alles unter euch bleibt oder hinterlassen komische Kommentare …«

»Man kann die Kommentarfunktion doch ausstellen!«, rufe ich.

»Trotzdem«, meint Mama. »Dann versuchen die halt irgendwie anders Kontakt aufzunehmen, im Internet ist das alles möglich, da gibt's so PI-Adressen und …«

»IP«, verbessert Liv und dehnt mit knackenden Zehen ihre Füße.

Mama schüttelt sich. »Das kann doch nicht gesund sein … Dann eben IP, jedenfalls so Zeug. Und die finden dann Zugangsdaten und Passwörter raus und kommen dir auf die Spur und belästigen dich oder stalken dich oder schicken so Standbilder …«

»… Screenshots oder Snaps«, übersetzt Liv

»… ja, die schicken sie dann in irgendwelche schrecklichen Verbrecher-Ringe im Dings, wie heißt das, Darknet. Und die Fotos werden dann geteilt und das kriegt man nie wieder raus aus dem Internet. Und warte mal, die Kommentarfunktion ausstellen? Das ist doch genau das, was den Jutjubern Spaß macht, dass sie Feedback bekommen und so.«

Ich zucke sicherheitshalber bloß mit den Schultern, weil Mama natürlich völlig recht hat.

»Aber!«, ruft Mama und ich ahne, was jetzt kommt. »Aber«, wiederholt sie, »wenn man sie anlassen würde, kommt da ja nicht nur Lob oder Daumen-Hochs. Stell dir doch mal vor, du spielst jetzt dein Blätterteig-Video ab …«

 29

»Mama, sie lädt ihr Puff-Pastry-DIY hoch«, sagt Liv grinsend zwischen zwei Pliés und erntet von Mama einen unwirschen Blick.

»Also du stellst es online«, fährt Mama fort, »und nach zwei Stunden merkst du, dass es die meisten deiner Zuschauer scheiße finden.«

»Mama!«, protestieren Liv und ich.

»Na, ist doch so«, sagt Mama. »Zwei Likes, achtundneunzig Daumenrunters und siebzig niederschmetternde Kommentare von solchen Neidklopsen, wie nennt man die noch mal?«

»Hater«, sagen Liv und ich im Chor.

»Genau. Was da unter dem Deckmantel der Anonymität alles möglich ist …! Deckmantel der Anonymität, ja, das habe ich jetzt wirklich gut ausgedrückt.« Mama grinst unglücklich. Dann streicht sie mir die Haare hinters Ohr und sieht mir in die Augen. »Matzimäuschen, da will ich dich mal sehen. Nach so einem Erlebnis brauchst du glatt eine Psychotherapie. Ehrlich, so was stelle ich mir schlimm vor. Da kriegt man glatt Albträume von. Und das meine ich echt ernst. Ich weiß doch, wie das ist. Es können mir zehn Leute sagen, dass ihnen meine Bilder gefallen, aber der eine gehässige Kommentar, lässt einen nicht mehr los und beißt sich so richtig tief in die Seele hinein und hinterlässt einen riesigen Haufen Selbstzweifel.«

»Och Mama, also ich finde deine Bilder sehr schön!«, sagt Liv und macht einen Spagat im Türrahmen.

»Ich auch«, sage ich.

»Danke«, sagt Mama, »aber verstehst du, was ich sagen will? Aus so affigen Mistkommentaren kann sich leicht Mobbing entwickeln. Ist wie Mobbing-next-level sozusagen, nur dass man sich noch schwieriger dagegen wehren kann als im echten Leben. Mensch, gegen so 'n Scheiße-sturm kommt man doch einfach nicht an!«

Liv kriegt einen Lachanfall und wechselt das Bein. »Man sagt Shitstorm«, kichert sie und dehnt sich weiter.

»Das wusste ich ausnahmsweise«, meint Mama. »Sag mal, ich bin mir nicht sicher, ob deine Ballettlehrerin Ah-nung von menschlicher Anatomie hat. Wo sollt ihr eure Beine denn noch überall hinbiegen? Okay, also, Scheiße-sturm klingt noch drastischer, finde ich. Und wenn so was erst mal mit voller Wucht auf einen niederregnet, ist das total dramatisch. Hm, was sagst du, Matzi?«

Ich wiege ein wenig den Kopf, weil ich auf keinen Fall zugeben möchte, dass dieser Punkt an sie geht. Ich bin wirklich ziemlich perfektionistisch bei meinen Videos und manchmal stresst mich mein eigenes Hobby sogar. Und wenn ich mir dann vorstelle, niemandem gefällt es? Ist ja fast so, als ob man nach einer Klassenarbeit ein supergutes Gefühl hat und dann bekommt man sie zurück und hat eine Vier kassiert. Schon allein die Vorstellung macht mir ein mulmiges Gefühl.

Aber Mama ist längst noch nicht fertig … Ihre zwei besten, absoluten Knock-out-Argumente hat sie ja noch gar nicht ausgesprochen. Und die kommen jetzt.

»Und dann stell dir mal vor, dir passiert in deinen Videos ein unbeabsichtigter Versprecher, du benutzt ein falsches oder peinliches Wort und weißt es nicht mal. Oder man kann etwas, das du sagst, falsch verstehen oder interpretieren. Und dir selbst fällt das erst auf, wenn die ganze Sache schon einmal um die Welt gegangen ist … da gibt's doch auch einen Ausdruck dafür … hat was mit Erkältung zu tun …«

»Viral«, murmele ich.

»Ah ja, dein Video geht viral und Mill-i-ar-den Menschen lachen sich über dich kaputt!«, ruft Mama und tippt sich an die Schläfe. »So weit kommt's noch! Und dann machen sie aus deinem Versprecher, sagen wir über Eier, noch so eins von diesen dämlichen Kurzfilmchen, die jeder ein-

 32

fügt, wenn es gerade ums Backen oder Kochen geht. Jeder zückt sein Handy und spielt diese Szene ab, in der du was Zweideutiges über Eier gesagt hast, nur weil er meint, das sei megawitzig.«

»Memes«, sagt Liv und ich sage gar nichts.

»Miems.« Mama nickt. »Wie ein Lauffeuer geht so 'n Miem dann rum. Und dann macht jemand einen neuen Text dazu und zack, wird es noch schlimmer … Furchtbar!«

»Ich mache doch nur DIYs«, wiederhole ich schwach, einfach, weil ich es nicht leiden kann, nicht das letzte Wort zu haben.

»So«, sagt Mama und geht gar nicht weiter darauf ein, weil ja jetzt noch ihr stärkstes Gegenargument kommt. »Und überhaupt, du weißt ja, dass es erst ab 16 erlaubt ist, einen eigenen Account zu haben.«

Bumm.

Liv quietscht mit dem nackten Fuß am Türrahmen entlang.

»Liv!«, schimpft Mama.

»Und Insta? Ich könnte das Konto auf ›privat‹ lassen?«, frage ich sicherheitshalber, weil es gut sein kann, dass Mama vergessen hat, dass alles, was sie eben gesagt hat, auch auf Instagram zutrifft, aber jede Diskussion schließlich eine Chance beinhaltet.

»Dito«, sagt sie nur und ich seufze und werfe Liv einen mürrischen Blick zu.

Sie hat nämlich einen Instagram-Account. Einen öffentlichen noch dazu. Und ich frage mich wirklich wozu, denn sie postet so gut wie nie etwas, followed dafür aber allen Tänzerinnen und Tänzern dieser Erde.

Liv zuckt mit den Schultern. Oookay, sie kann ja nichts dafür, dass sie älter ist.

»Ich fahr dann mal«, sagt sie und schlurft in ihr Zimmer.

»Wohin?«, fragt Mama wie immer, auch wenn man es ihr erst zehn Minuten vorher ausführlich erklärt hat und sieht auf die Uhr. »Ist doch quasi schon Abend.«

»Schule«, erwidert Liv und Mama ächzt.

»Ach so, stimmt«, sagt sie.

Seit Liv in der Oberstufe ist, hat sie zu den seltsamsten Zeiten Unterricht. Immerzu fällt ein Kurs aus, wird nachgeholt, ergänzt, zusätzlich angeboten oder auf einen anderen Tag verschoben.

»Wann bist du wieder da?«, fragt sie.

»Um … sechs rum«, erwidert Liv.

Ich schüttle den Kopf. Die Stunde der Verräterin ist ge-

34

kommen. »Nee, die letzte Stunde ist um 16.35 Uhr aus«, flüstere ich Mama zu. »Ganz sicher.«

»Aha«, wispert Mama. »Und was machst du zwischen halb fünf und sechs?«, ruft sie.

»Ich … äh«, erwidert Liv und stürmt die Treppe hinunter. »Muss noch … mit … Noah wegen der Physik-Klausur reden. Der hatte dieselbe Lehrerin und die macht immer die gleichen Klausuren. Und er gibt mir seine. Tschö-höööss.«

Wir hören die Haustür ins Schloss fallen und sehen uns an.

»Noah, aha«, sagt Mama und runzelt die Stirn. »Der erste Freund etwa? Jetzt schon? Toll, neues Problem für mich als Mutter …«, murmelt sie und seufzt. »Na ja, Herausforderung eher. Trotzdem. Au weia.«

Küchen-Talk

Ich setze mich wieder an den Schreibtisch.

Ein Problem ist Noah ja eigentlich echt nicht. Von Liv weiß ich, dass er ein Genie ist, was Mathe und Physik betrifft. Er kann mozartmäßig Klavier spielen und eine Band hat er auch. Und eine Schwester in meiner Parallelklasse, Amelie. Er kennt sich also mit Frauen aus. Insgesamt alles ganz okay, würde ich sagen.

Nuuur, ganz vielleicht ist es ein winziges Restproblem, dass Liv bis jetzt ganz allein mir gehört hat. Wenn sie sich in Noah verknallt, und ich nehme an, das ist längst passiert, dann hat sie noch weniger Zeit für mich, als eh schon bei ihrem ganzen Klausurenstress und den vielen Ballettkursen. Das Ding mit Liv ist nämlich, dass ich sie ganz schön doll lieb habe. Sie ist irgendwie so was wie mein Ein und Alles.

Und jetzt sage mir bitte keiner, dass ich vielleicht einfach nur eifersüchtig bin.

Nee, ganz bestimmt nicht.

Eifersüchtig, ich, pfff!

Um mich abzulenken, nehme ich mein Handy und lege mich aufs Bett. Leider hört Mama den Ton und streckt den Kopf in mein Zimmer.

»Was guckste denn da jetzt zum Beispiel auf Jutjube?«, fragt sie ordnungsgemäß, genau wie das in jedem Eltern-info-Zettel zu den neuen Medien empfohlen wird: ›Interessieren Sie sich dafür, welche Inhalte ihr Kind auf den verschiedenen Social-Media-Kanälen konsumiert …‹, oder so ähnlich.

»'ne Koch-Challenge«, sage ich und Mama ist beruhigt.

Als ich von all den Brutzelgeräuschen und bunten Tortenwundern mit Creme und Fluff und schmelzendem Schokokern Appetit bekomme, gehe ich in die Küche hinunter und sehe mich um.

Es ist ja nicht so, dass bei uns kein Obst im Haus ist, aber es ist halt nicht das Obst, was es bei Polina gibt. Blitzblankes, leckeres, frisches Obst zu jeder Tages- und Nachtzeit. Die Familie von Polina stammt aus Russland. Bei ihr zu Hause ist es, sagen wir mal, acht bis neun millionen-

 37

mal sauberer als bei uns. Ihre Mutter putzt mehrmals am Tag und das noch neben ihrer Arbeit. Am Anfang unserer Freundschaft war es mir richtig unangenehm, wenn Polina mich besucht hat. Weil ich einfach nicht anders konnte, als vorher das ganze Haus auf Vordermann zu bringen. Aber trotz Sauberkeit habe ich unser Zuhause immer noch mit Polinas Augen gesehen und mich irgendwie geschämt. Für all das Bunte, das Kreative. Mittlerweile stehe ich darüber. Ein bisschen wenigstens. Nur das Gemälde von dem nackten Männerpo hänge ich jedes Mal heimlich ab.

Denn auch wenn es bei Polina immer die leckersten russischen Köstlichkeiten gibt, finde ich es doch ganz praktisch, dass ich hier in der Küche experimentieren und werkeln darf, wie ich will. Im Moment stehen auf dem rosafarbenen Küchentisch (Mama streicht ihn lieber alle drei Monate um, statt ihn zu putzen) fünf verschiedene Schälchen mit meinem Holi-Powder. Ich möchte damit ein Pulver-Selfie machen. Bevor ich mich damit beschäftigt habe, dachte ich, man spräche es Englisch aus, ›holy‹, und ich habe mich gefragt, was an Farbpulver heilig sein soll, also habe ich es gegoogelt: Ursprünglich wurde sogenanntes Gulal-Pulver bei den Feierlichkeiten des indischen Holi-Festes benutzt, um den Frühling zu begrüßen. Und auch heute noch sind die Menschen beim Feiern von Kopf bis Fuß so quietschbunt und farbverschmiert wie nur was. Deshalb heißt es also eigentlich Holi-Gulal-Pulver. Man kann es auch kaufen, aber ich habe meins selbst gemacht. Aus Speisestärke und Lebensmittelfarbe. Nun muss ich die getrockneten Klumpen noch mit der Kuchenrolle zerbrö-seln. Mit dem Blauen habe ich gestern schon angefangen, es sieht richtig toll aus, der Kontrast aus blauem Pulver und rosa Tischplatte. Polinas Mutter würde die Krise krie-gen. Mama hat nur gefragt, ob das was zum Essen sei, und Liv hat ihren Finger reingetunkt und probiert.

Was ich also eigentlich sagen wollte, ist, dass es bei uns natürlich auch Obst gibt, der Obstkorb ist reich gefüllt, aber leider ist nur die steinharte Kiwi echt, die restlichen Bananen, Zitronen, Orangen, Äpfel, Trauben und Pfirsi-che sind aus Plastik. Mama braucht sie für ihre Stillleben.

Doch außer mir scheint der Mangel an frischen Früch-ten niemanden zu stören. Ehrlich, ein bisschen mehr healthy am Start zu sein, könnte uns nicht schaden. Wenn ich in diesem Haus nicht dafür sorgen würde, dass zumin-dest nach dem Wocheneinkauf für eine gewisse Zeit aus-reichend Vitamine in Frucht- oder Gemüseform zur Ver-fügung stehen, hätten wir wahrscheinlich schon alle längst diese Seefahrerkrankheit bekommen, wie hieß die noch gleich …

»Google, Seefahrerkrankheit wegen keine Vitamine«, spreche ich in mein Handy. »Ah, Skorbut«, lese ich gleich in der Überschrift des ersten Suchergebnisses. Also wir hätten alle schon längst Skorbut bekommen.

Gut, von mir aus, wenn alle anderen sich die meiste Zeit ungesund ernähren, muss ich mich zum Ausgleich ja nicht die meiste Zeit gesund ernähren.

»Dann gibt's also jetzt für euch mein Spezialrezept für DAS Trendgetränk des Jahres«, moderiere ich mein imaginäres Video und suche Backkakao, Zucker und Sahne zusammen und stelle den Wasserkocher an.

»Whipped Cocoa. Ursprünglich heißt das Zeug eigentlich Dalgona-Coffee und kommt aus, äh … Japan, oder so, jedenfalls ist Kaffee ja WLUÄH!, deswegen zeige ich euch die Variante mit reinem Kakao. Sooo schokoladig, ihr werdet sehen. Ihr benötigt eine Schüssel und einen Schneebesen. Gebt jetzt zwei Esslöffel Zucker, zwei Esslöffel heißes Wasser und zwei Esslöffel Kakao … oh, das war knapp, hat gerade gereicht …«

Ich ziehe mein Handy wieder aus der Hosentasche, um meinen Notizzettel für Einkäufe zu öffnen. Ich muss

eigentlich nicht erwähnen, dass ich die Einzige bin, die in dieser Familie überhaupt Einkaufszettel schreibt …

Als ich gerade auf dem Bildschirm herumwische, kommt Mama in die Küche.

»Kannst du nicht ein! Mal! dein Handy weglegen, wenigstens beim Kochen?«, mault sie los und ich positioniere es demonstrativ langsam auf den Tisch, wie im Film ein Verbrecher, der seine Waffe weglegt, um die Hände zu heben.

»Hallo?«, sage ich.

»Sorry«, sagt Mama zerknirscht, »ich meinte das nicht so. Ich bin nur schlecht gelaunt. Das mit diesem Noah überfordert mich irgendwie …«

Ich winke ab. »Ach Mama, keine Sorge, der ist echt nett. Und ein Computergenie. Und ein Physikgenie. Und ein Musikgenie. Und voll freundlich und höflich und alles. Und Livvi ist siebzehn und vernünftig und Noah ist achtzehn und auch vernünftig und …«

Ich kann es nicht fassen, eben schmolle ich noch wegen den beiden rum und jetzt verteidige ich sie …

»Hör mir bloß auf«, sagt Mama. »Achtzehn und vernünftig, die beiden Wörter passen doch gar nicht zusammen. Quasi: was ist das Gegenteil von vernünftig? Achtzehn«, beantwortet Mama sich ihre Frage, greift in den Obstkorb

und quetscht mit den Fingern auf der Kiwi herum. »Ich darf gar nicht dran denken, was das alles noch nach sich zieht … Livvileinchen ist doch noch mein kleines Baby. Ich weiß noch genau, wie sie laufen gelernt hat … Das kann doch jetzt nicht alles so schnell gehen …« Mama sieht mich unglücklich an, dann betrachtet sie die Kiwi in ihrer Hand. »Mann, wer isst eigentlich immer das ganze Obst? Nie ist was da, wenn man Lust drauf hat.«

»Wollte ich gerade in die Einkaufsliste schreiben«, sage ich. »Und Backkakao. Und Mehl, Eier und Backpulver. Und …«

»Wir bräuchten so 'ne schöne Tafel, wo wir das alles aufschreiben könnten«, schlägt Mama vor.

»Und dann schleppen wir die Tafel mit in den Supermarkt?«, frage ich und Mama grinst.

»Das wäre wenigstens mal analog«, erwidert Mama. »Warte kurz …«

Sie geht hinaus und kommt mit einem Blatt Papier wieder zurück. Dann holt sie einen Kugelschreiber aus der Kruschtelschublade, nimmt den Kaugummi aus dem Mund, rollt ihn zu einer Kugel und klebt ihn an den Küchenschrank. Mit dem Daumen drückt sie das Papier daran an und schreibt ÄPFEL drauf.

»So, jetzt kann jeder notieren, was fehlt«, erklärt sie ihre Erfindung des selbsthaftenden Einkaufszettels und schreibt noch SCHOKOLADE dazu. »Das ist viel besser, als deine digitale Privatliste, oder nicht?«

»Hm«, sage ich, weil meine Gedanken noch dabei sind, die Sache mit dem Kaugummi zu sortieren, als Mama auch schon weiterredet.

»Weißt du, manchmal frage ich mich, wie wir das früher alles überlebt haben. Schule, Freunde, Verabredungen, alles ohne Internet. Als ich so alt war wie du, da gab's noch Schallplatten und Kassettenrekorder. Und in den Walkman kam eine Kassette, die hat man selbst aus dem Radio aufgenommen. Am Wochenende bei der Chartshow und auf der Hälfte der Lieder war der Moderator mit drauf oder Verkehrsdurchsagen. Und wenn man einen Film gucken wollte, dann musste man um Punkt Viertel nach acht vor dem Fernseher sitzen, sonst verpasste man den Mord. Also bei TATORT zum Beispiel. Früher konnte man nicht anhalten und zeitversetzt gucken, wenn man aufs Klo musste. Oder ohne Werbung. Ganz früher gab's nicht mal Werbung.«

»Was ist denn ein Walkman?«, will ich wissen. »Da ist so 'n Typ neben dir hergelaufen und hat für dich gesungen?«

Mama bricht in Lachen aus. »Na, das wär's noch gewesen.« Dann erklärt sie mir, dass es sich dabei um einen kleinen, tragbaren Musikplayer mit Kopfhörern gehandelt hat. Da konnte man eine Tonbandkassette reinstecken und wenn nach einer Dreiviertelstunde eine Seite abgespielt war, machte man den Deckel auf und drehte sie um.

»Steinzeit«, sagt Mama. »Und die Kassetten, mit denen man Musik aus dem Radio aufnehmen konnte, die waren teuer. Und mein Taschengeld brauchte ich ja für Schokolade mit Erdbeerfüllung, Cherry-Cola und die BRAVO. Die BRAVO war sozusagen unser Internet.«

Ich nicke geduldig. Manchmal hat Mama solche Nostalgieanwandlungen, da muss man sie dann einfach drin schwelgen lassen.

Mama steht auf und deutet auf den Küchentisch. »Wann kommt das Pulver da endlich mal weg?«

»Ganz bestimmt morgen«, verspreche ich.

Mama öffnet den Kühlschrank und holt ein Glas Pflaumenmus heraus.

»Okay, dann geh ich jetzt weiter malen.«

Voll analog!

Ich wende mich wieder meinem unsichtbaren Publikum und meinem Whipped Cocoa zu.

»Ihr verrührt also die drei Zutaten mit einem Schneebesen.« Ich beginne zu rühren. »Das ergibt eine schöne, braune Soße. Abkühlen lassen, was es bei mir schon ist, und zwei Esslöffel Sahne dazugeben. Und jetzt kommt, was ich das Cocoa-Whip-Workout nenne, denn die Mischung muss nun aufgeschlagen werden. Das könnt ihr mit dem elektrischen Rührgerät oder dem Milchaufschäumer machen, dann geht es total schnell. Aber nehmt einfach den Schneebesen, das gibt Bizeps. Also dann, Ladies und Gentlemen, rühren, rühren, rühren.« Ich stelle mir vor, dass ich dieses Video so schneiden würde, dass man das Ergebnis nach einer Minute Rühren, nach zwei, dreien und so weiter, sehen könnte. Mit jeweils einem lustigen Spruch dazu. Denn das Schlagen der Mischung geht wirklich total in die Arme.

»Ächz«, sage ich und wechsle den Schneebesen in die andere Hand. Als hätte er noch nie in einer Schüssel her-umgerührt, eiert mein Arm in komischen Kreisen herum und verteilt die Masse nur unnötig am Rand.

»Nee«, sage ich und rühre wieder mit rechts.

Doch kurz bevor ich meinem eigenen Rezept nicht mehr glaube, verdickt sich die Masse endlich doch und sieht jetzt aus wie Mousse au Chocolat.

»Ah, voilà! Jetzt füllt ihr ein Glas zur Hälfte mit Eiswürfeln, gießt Mandel- oder Kokos- oder normale Milch darüber und gebt vorsichtig die Mousse obendrauf«, erkläre ich die wei-tere Zubereitung, während ich den Schneebesen abschle-cke und das Mousse mit dem Löffel direkt aus der Schüssel esse.

»Noch mit Schokostreuseln verzieren, Trinkhalm und Löf-fel rein und genießen. Vielen Dank fürs Zusehen, viel Spaß beim Nachmachen und wenn es euch gefallen hat, dann lasst einen Daumen nach oben da! Tschüss, eure Tilda von Amazing Jumping Cupcake, dem Channel für ...«

Ich halte inne. Mit dem letzten Löffel Mousse im Mund

starre ich auf den Einkaufszettel. Den ANALOGEN Einkaufszettel ...

»Tildchen, alles okay, wirst du gerade wieder ferngesteuert?«, fragt Mama und geht an mir vorbei an den Kühlschrank. »Brauche noch Himbeere, äh, rot«, sagt sie und ist wieder verschwunden.

Ferngesteuert nennt Mama mich immer dann, wenn ich irgendwie gedankenverloren in die Gegend starre. Als ich noch klein war, konnte ich mitten im Gespräch plötzlich ins Leere gucken, als ob ich eine Privataudienz mit den Hausgeistern hätte oder meine Daten von einer außerirdischen Macht aktualisiert würden. Das muss so gruselig ausgesehen haben, dass alle froh waren, wenn ich wieder ICH war ...

Einen solchen Moment scheine ich jetzt auch zu haben, obwohl ich nicht behaupten kann, dass die Datenübertragung schon abgeschlossen wäre. Denn um genau zu sein, ist da in meinem Kopf eine Idee aufgeploppt, aber sie hat irgendwie noch keinen Inhalt.

»Hä?«, sage ich laut und kratze die Schüssel weiter aus. »Was denke ich denn grad? Hallo Gehirn, sag mal was ...«

Maaann, ich hasse dieses Gefühl, dass mir etwas auf der Zunge liegt und nicht rauskommt. Dabei war es eine gute

 47

Idee! Wie kann es sein, dass man eine Idee hat, deren Inhalt man nicht kennt, aber trotzdem weiß, dass sie gut war?

»Saublöd!« Ich stelle die Schüssel in die Spülmaschine und gehe in die Diele.

Ganz bestimmt hilft frische Luft. Ich schlüpfe in meine Sneakers (solche ohne Schuhbänder, was mich dreihundert Jahre Recherche gekostet hat, weil sie irgendwie im kompletten Internet ausverkauft waren) und nehme die Hundeleine vom Haken.

»Ich geh 'ne Runde mit Ludwig!«, rufe ich in Richtung Atelier und wedle mit der Leine.

Das noch unbeschriftete Namensschild des Halsbands klappert gegen den Karabiner.

»Okay«, ruft Mama. »Kannst du mir bitte Aprikosenmarmelade mitbringen? So gelb wie möglich!«

Schnell ziehe ich die Haustür zu, als hätte ich sie nicht gehört. Echt, Mama sollte mein tägliches Gassigehen mit meinem Wunschhund loben, nicht by the way Einkaufsbestellungen aufgeben.

»Komm, auf geht's«, sage ich zu Ludwig und stopfe die Leine in die Jackentasche.

Tja, du merkst schon, als HAK (Haustierloses, armes Kind) muss man sich was einfallen lassen. Ich wünsche

mir schon immer ein Haustier. Natürlich hatten wir auch welche, zwei Kaninchen, von denen das eine nach drei Wochen von einer Katze aus dem Freilaufgehege geraubt wurde, wovon ich jetzt noch träume. Und eine Schildkröte, die lieber bei den Nachbarn leben wollte, weil die einen Teich haben. Und einen Wellensittich, der uns für ein paar Wochen zugeflogen ist und eines Morgens einfach von der Stange kippte. Insgesamt habe ich also mehr oder weniger nicht so tolle Erfahrungen mit Haustieren gemacht, was für ein Kind entwicklungsmäßig aber total wichtig wäre! Nicht, dass das sowieso jeder weiß, aber ich hab's extra auch mal nachgelesen, damit ich Mama mit Fakten, nicht mit Wünschen überzeugen kann. Stand so auch in dem Artikel.

Doch den allerbesten Eltern-Überzeugungstrick hat mir Mama ganz unbeabsichtigt selbst gegeben: Nach einer unserer Endlosdiskussionen sagte sie, dass die ganze Arbeit mit dem Gassigehen sowieso an ihr hängen bleiben würde, das wäre ja wohl sonnenklar. Und ich sagte, nein, versprochen, ich gehe jeden Tag zweimal mit ihm raus, logisch, was sollte ich auch anderes sagen? Und Mama meinte, ja, das sagst du jetzt, aber wenn der Hund erst mal da ist … und so ging es immer hin und her. Und jetzt frage ich dich,

 49

ist es nicht unfair, einfach solch eine Behauptung aufzu-
stellen, die man unmöglich widerlegen kann, einfach weil
ja gar nicht erst ein Hund gekauft wird, anhand dessen ich
dann das Gegenteil beweisen könnte? Eben. Fand ich auch.

Und deswegen habe ich beschlossen, es Mama einfach
ohne Hund zu beweisen. Ich meine, wer schon ein Mal am
Tag OHNE Hund Gassi geht, der geht auch zwei Mal am
Tag MIT Hund, oder nicht? Das war mein Plan. Aber ich
muss ehrlich sagen, ich finde, Mama wertschätzt meinen
Einsatz nicht wirklich ausreichend. Vielleicht sollte ich zusätzlich noch einen Hundekorb basteln, schon mal einen
Kauknochen reinlegen und regelmäßig laut durch den
Garten toben und mit Stöcken werfen? Ja, warum eigentlich nicht ... Na toll, jetzt hat die frische Luft dazu geführt,
dass ich eine andere Idee habe, aber meine gesuchte ist immer noch nicht aufgetaucht.

Ich laufe durch mein Viertel und nehme dann den Weg
über die kleine Fahrradbrücke zur Schule. Wenn man an
der Sporthalle vorbeiläuft, führt der Weg weiter über Fel-
der und Obstplantagen ins Grüne.

»Guck, Ludwig«, murmle ich vor mich hin, »an der
SchüPiWa würden wir rechts abbiegen und dahinten dürf-
test du dann ohne Leine losdüsen ...«

 50

Wie üblich kehre ich stattdessen an der großen überdachten Schülerpinnwand (von uns SchüPiWa genannt) um und mache mich wieder auf den Heimweg. Doch erst will ich noch kurz diesen kleinen, knallroten Zettel lesen, der mir zwischen den zerfledderten Nachhilfegesuchen, Fahrradverkäufen oder uralten Veranstaltungshinweisen ins Auge gefallen ist. Als ich näher herantrete, stellt sich jedoch heraus, dass es bloß auch nur einer der üblichen ›Hat jemand mein/e/n Mäppchen / Ordner / Fahrradhelm / Jacke gefunden, bitte dringend anrufen‹-Suchanfragen ist.

»Da kann aber auch echt nie was Interessantes hängen. Die könnten das Ding genauso gut abbauen und 'nen Softeis-Automat hinstellen«, maule ich und will gerade gehen, als die frische Luft endlich ihr Werk getan hat und mein Gehirn die Hinweise (analoger Einkaufszettel + Influencer + Pinnwand) korrekt miteinander kombiniert hat und DIE IDEE DES JAHRHUNDERTS ausspuckt. Doch noch bevor ich mich auf dem Heimweg damit genüsslich beschäftigen kann, sehe ich Liv und Noah die Freitreppe der Schule herunterkommen. Rasch trete ich hinter die SchüPiWa zurück und linse drum herum, als sei ich eine Detektivin bei irgendso 'ner Überwachungsaktion. Mir ist gar nicht wohl dabei, meine Schwester heimlich zu beobachten, aber wenn ich jetzt hervorkäme, sähe es so aus, als hätte ich sie abgepasst oder verfolgt, um sie wegen der Verabredung mit Noah auszuspionieren – auch nicht gut.

Also verhalte ich mich still und sehe, wie die beiden sich (in gebührendem Abstand, das muss ich wohl zugeben), auf eine Bank auf dem Schulhof setzen und sich in einen Ordner vertiefen, den Noah aus dem Rucksack gezogen hat. Ich finde, ihre Köpfe kommen sich dabei eventuell ein wenig zuuu nahe, aber ich denke, dieses Treffen geht in Ordnung. Außerdem platze ich vor Ungeduld, mich mit meiner Idee zu beschäftigen, und schleiche mich ungesehen davon.

So, und jetzt kommt, was mein Kopf bei jedem Schritt funkt, während mein Herz vor Spannung wummert:

Ich werde doch einen eigenen Kanal haben!

Internet war gestern!

Jetzt kommen die Pin-Board-Channels!

DER Pin-Board-Channel, nämlich MEINER!!!

Statt auf YouTube veröffentliche ich meine Beiträge analog! Dann hat die arme SchüPiWa endlich mal wieder eine sinnvolle Aufgabe!

Vor lauter Freude über diese dermaßen sensationelle Idee muss ich glatt einmal laut kreischen!

Und ein Rad schlagen.

Und einen Bogengang machen.

Mitten auf dem Gehweg.

Und die letzten Meter renne ich sogar, weil ich es dermaßen eilig habe, meinen allerersten Pin-Board-Post zu schreiben.

Miss X

Aber so einfach ist das gar nicht.

Zum Glück haben wir Freitag, sodass ich das ganze Wochenende Zeit habe, mir was richtig Cooles zu überlegen. Denn auch wenn ich es NIEMALS im Leben zugeben würde, ich glaube nicht, dass ich bei einem echten Video aufgeregter sein könnte. Ich hibbele also wie ein Flummi in meinem Zimmer herum und krieg es nicht mal fertig, mich an den Schreibtisch zu setzen. So viel gibt es zu überlegen …

Wie könnte das Ganze denn überhaupt aussehen? Ich kann ja schlecht meine DIYs Schritt für Schritt abfotografieren, die Bilder entwickeln und dann einen drei Kilometer langen Comicstreifen hinhängen. Selbst zeichnen kann ich die Anleitungen auch nicht, dafür bräuchte ich Jahr-

hunderte und der Platz auf der Mitteilungswand würde auch nicht ausreichen … Im Grunde kann ich also alles Kreative, das nicht in wenigen Sätzen erklärbar ist, total vergessen …

Ein wenig ernüchtert lasse ich mich aufs Bett fallen.

Vielleicht war die Idee doch nicht so gut?

In meinem Bauch braut sich ein ungemütliches Gefühl zusammen. So eines, als wenn man feststellt, dass man sich gerade total überschätzt, blamiert oder angestellt hat und einem das im Nachhinein total peinlich ist, selbst wenn es keine Menschenseele überhaupt mitbekommen hat. Kennst du das?

Arrrgh, oh Mann, ich schäme mich gerade total für diesen Einfall, von dem ich dachte, dass er der Hammer wäre. Aber er ist einfach nur Müll!

Genervt nehme ich mein Handy und beginne, Bilder zu löschen. Speicherplatz frei machen ist die beste Beschäftigung, wenn man ganz dringend für eine Weile nichts denken möchte. Beim Bilderlöschen ist das Gehirn nur mit Gedanken beschäftigt, die es sowieso schon hatte, und man muss sich nicht mit seinen aktuellen Problemen herumschlagen. Nach einer halben Stunde Handyaufräumen, bin ich quasi so erholt wie nach einer Woche

Ferien – »und wenn es dir auch so geht, dann schreib es doch bitte in die Kommentare – oder was sind eure besten Chill-Tipps?«

Mist. Ich tu's schon wieder.

Das hat wohl nicht geklappt mit der Ablenkung. Mein Kopf hat keinen Bock, sich austricksen zu lassen. Okay, gut, dann denke ich halt noch mal frisch darüber nach. Ich strample die Decke zurück, unter die ich meine kalten Füße vergraben habe, und bemerke, dass sich mein neuer Hoodie darin verwurschtelt hat. Ich habe ihn im Sale gekauft, für 10 Euro von meiner Geburtstagsgutschein-Karte. Er ist in XL und ich hätte ihn als Kleid anziehen können, habe ihn aber auf Bauchnabelhöhe gecropped.

»Perfekt, danke, Hoodie, komm her, denke ich ein wenig über dich nach, bevor ich mit meiner unausgereiften Pin-Board-Idee weitermache ...«

Also, auf meinem No-Name-Pulli fehlt noch ein Logo. Mit Bleistift habe ich den schwungvollen Nike-Haken schon auf die Vorderseite übertragen. Aber nicht, um ihn einfach anzumalen, nee, das Emblem will ich mit Blumen aussticken! Omi hat noch einen Stickrahmen und bestimmt zwanzig verschiedene Farben Garn. Sticken ist gar nicht so schwer und ich freue mich schon drauf, damit anzufangen. So einen Pullover hat nämlich niemand! Nicht mal Nike selbst! Absolutes Einzelstück.

Ich nehme mein Handy, weil mir einfällt, dass ich Polina noch gar nichts von meinem erfolgreichen ›Ich brauch 'nen günstigen Hoodie für 'ne Logo-Stickerei‹-Shopping-Trip erzählt habe, doch dann fällt mir etwas ein:

Was, wenn ich davon nicht nur Polina erzähle, sondern all meinen neuen Followern? Wäre das nichts für meinen ersten Post? Diese Sache mit den Markenklamotten, da hat sich doch bestimmt schon fast jeder Gedanken drüber gemacht. Braucht man sie, will man sie und wenn ja weshalb und wie viele und warum überhaupt? Genauso gut könnte ich ja auch ein anderes Zeichen auf meinen Pulli sticken, aber nein, es muss dieses sein, warum weiß ich selbst nicht so recht. Weil es cool ist? In meiner Klasse zum Beispiel gibt es eine Gruppe von vier, fünf Mädchen, die tragen ausschließlich Markenklamotten und zwar immer die neuesten und angesagtesten. Sie kommen mir vor, wie unter so 'nem Zwang. Wenn sie nicht das tragen, was die Influencer und Stars gerade anpreisen, dann fühlen sie sich wahrscheinlich irgendwie nicht wichtig. Oder falsch. Ich weiß es nicht, es ist nur so ein Gefühl. Aber ich finde das bescheuert. Und ich habe auch keine Ahnung, wie sie das bezahlen, jedes Jahr ein neues Handymodell, Sneaker, Taschen. An ihnen kleben die Labels nur so, damit auch ja jeder sieht, dass sie es sich leisten können oder dass sie in sind oder whatever. Der Rest der Klasse zieht an, was halt im Schrank liegt sozusagen. Meine Freundinnen und ich tragen die Klamotten von den großen Geschwistern auf, kaufen in den ganz normalen Läden im Sale, wir stöbern in Second-Hand-Geschäften, upcyclen total viele Klamotten und na ja, pimpen sie auch mal mit einem Markenzeichen auf. Aber wir versuchen, uns nicht stressen zu lassen. Doch um ehrlich zu sein, ist das manchmal gar nicht so einfach. Wenn sich diese Zicken ihre mitleidigen Blicke für unsere Outfits sparen würden, hätten alle echt ein Problem weniger.

Denn ist dieses Verhalten nicht genau das, was Mama vorhin beschrieben hat? Es können dich ein Haufen Leute für deinen Stil, für deine Kunst oder für etwas anderes loben, aber die wenigen, die daran herumätzen, zwicken einem direkt in die Seele.

»So. Genau das schreibe ich jetzt!«, rufe ich und klappe den tonnenschweren Laptop auf, den ich von Opa geerbt habe. Er ist so alt, dass er fast fünf Minuten benötigt, bis man die Schriftart geändert hat, aber mehr Hightech brauche ich im Moment sowieso nicht. Doch, halt, ein Eye-Catcher über dem Beitrag wäre schon nicht schlecht …

Während der PC langsam aus dem Tiefschlaf erwacht, überlege ich hin und her. Jaaa, plötzlich habe ich einen Einfall und tippe den Satz in den Computer. Und danach fließt es einfach nur so. Na, da hat sich der schnarchlangweilige 10-Finger-PC-Schreibkurs aus dem letzten Schuljahr ja doch gelohnt …

Nach zwei Stunden schreiben, ändern und verbessern, bin ich fertig. Ich habe nicht mal mitgekriegt, dass Liv nach Hause gekommen ist.

Während der Rechner überdenkt, ob er meinen Text in diesem oder im nächsten Jahrhundert abspeichern soll und ob es unter Umständen möglich wäre, einen Druckauftrag loszuschicken, fallen mir zwei Dinge auf. Erstens, dass ich riesigen Hunger habe, und zweitens, dass ich mit dem Ergebnis meines so was von old-school-mäßigen Posts richtig zufrieden bin. Wenn ich später noch ein paar Emojis in die extra frei gelassenen Lücken gezeichnet habe, sieht das Ganze aus wie eine ziemlich individuelle Mischung aus YouTube, Insta, Twitter und Matzi aka Miss X herself! Weil mein Gehirn gerade kurz vor der Explosion steht, habe ich übrigens beschlossen, den erstbesten Künstlernamen zu verwenden, der mir eingefallen ist. Ich veröffentliche also sozusagen unter Pseudonym. Find ich irgendwie besser, dann kann ich erst mal gucken, wie die ganze Aktion ankommt. Ist ja schon spannend genug und ich muss mir nicht auch noch Gedanken darüber machen, ob ich mich damit bis auf die Knochen blamiere.

Oh Mann, ich kann es kaum erwarten, bis der Drucker meine Erstversion endlich ausspuckt:

SEI DEINE EIGENE MARKE!

Herzlich willkommen bei

KLARTEXT by Miss X

Euer Pinboard-Channel über
„DAS LEBEN ALS TEENAGER"

KLARTEXT: Ihr kennt das alle — Eure Eltern hängen mit einem Auge am Handy und erklären euch gleichzeitig, wie **SCHÄDLICH** dasselbe Verhalten für uns Kinder ist. Schon klar, unser Gehirn könnte langfristig Schaden nehmen, aber hallo?! Wir haben schließlich nicht darum gebeten, **EIN GLAS ROTWEIN** zum Abendessen trinken zu dürfen, sondern verteidigen bloß unsere tägliche Dosis Katzenvideos!
Also bitte schön, wenn's sein muss, poste ich meine Beiträge eben analog und würde mich freuen, wenn ihr **„MEINEM ACCOUNT FOLGT"**, auch wenn er hier an der SchüPiWa hängt, statt im Netz hochgeladen zu werden. Ist doch auch irgendwie retro, oder?

Heute geht es um **KLAMOTTEN.**
Wie langweilig ist es eigentlich, wenn alle gleich aussehen, weil sie sich von großen Labels vorschreiben lassen, was gerade IN ist? Sieht man nicht aus, wie eine lebendige Werbetafel mit all den Logos?
Aber für wen wollen wir wirklich werben? Doch eigentlich nur für uns und für das, wofür wir stehen, oder nicht?
DESHALB: SEID EURE EIGENE MARKE!
Vielleicht sagt ihr jetzt: klar, da ist einfach nur jemand neidisch, weil er oder sie sich keine Designerklamotten leisten kann. Stimmt, ich kann sie mir nicht leisten. Nicht mal einen Knopf davon. Aber neidisch bin ich deswegen nicht.
Okay, manchmal denke ich, es wäre vielleicht ganz nett, nur ein einziges Teil zu besitzen. Aber andererseits: Wofür eigentlich? Nur damit man es hat? Fühlt man sich dann irgendwie bedeutsamer? Und wenn ja, wie lang hält so ein Gefühl an? Zählt nicht viel mehr die Person als **IHRE KLEIDUNG**?
Gar nicht so einfach das Thema. Was denkt ihr darüber und wie geht ihr damit um?
Okay, Leute, wenn euch mein Beitrag gefallen hat, dann freue ich mich über eure
KOMMENTARE UND EIN STERNCHEN = DAUMENHOCH!

Bis bald, eure Miss X

Schwestern-Talk

Nicht schlecht. Gaaar nicht schlecht. Doch erst beim dreihundertsten Mal Durchlesen fällt mir auf, dass ich die DIY-Anleitung mit dem Logo auf dem Pullover ganz vergessen habe … Aber das ist eigentlich auch gut so, denn ich würde mir damit glatt selbst widersprechen – erst schreiben, man soll seine eigene Marke sein, und dann eine Anleitung geben, wie man eine fremde kopiert?

»Mann Matzi, vielleicht hast du erst mal 'ne eigene Meinung, und zwar eine, die länger als zehn Minuten gilt, bevor du sie als Post raushaust«, schimpfe ich mit mir, als Liv ins Zimmer kommt.

»Was für 'ne Meinung hast du denn?«, fragt sie und schnappt sich einen Nagellack von meinem Frisiertischchen.

 62

»Nicht den!«, rufe ich. »Du hast doch selber tausend Stück …«

»Welchen darf ich dann?«, fragt Liv und ich reiche ihr den Neongelben, weil ich den am wenigsten, also eigentlich nie, benutze.

Liv lässt sich auf dem Teppich nieder, zieht die Socken von den Füßen und beginnt, sich ihre Nägel anzupinseln. Wie man mit so geschundenen Füßen überhaupt laufen kann, frage ich mich beim Anblick ihrer Ballerinafüße mal wieder. Livs Zehen sind an komischen Stellen knubbelig, voller halbwegs verheilter Blasen, drahtig und stark wie Finger, sodass ich davon überzeugt bin, sie könnte ohne Weiteres damit einen Stift halten und schreiben.

Doch Liv ist natürlich nicht wegen des Nagellacks hier, ich merke genau, dass sie was auf dem Herzen hat. Normalerweise nimmt sie auch kein Neongelb und kommt schon gar nicht einfach so ohne Grund zu mir ins Zimmer. Also selten. Meistens läuft es andersrum.

»Kannst du jetzt bitte wieder rausgehen, ich hab total viel zu tun«, schwindle ich, weil ich Liv kenne. Wenn man sie nicht unter Druck setzt, über ihr Problem zu reden, dann denkt sie einfach in Gesellschaft eine Weile darüber nach und löst es dann mit sich allein. Aber ich platze wie üblich vor Neugier, weil sie im Gegensatz zu mir sowieso so wenig von sich preisgibt, deswegen setze ich noch eins drauf und rufe: »Ja, Mama, ich komme gleich!«

Da sieht Liv auf.

»Warte noch kurz. Du …«, meint sie und macht sich an den zweiten Fuß.

Ich setze mich aufs Bett.

Der nächste Schritt meiner Taktik: Einfach bloß schweigen wie ein Fels …

Stille und Nagellackgeruch hängen im Raum. Vor Anspannung schiebe ich meine Hände unter die Schenkel. Dann räuspere ich mich einmal kurz.

»Äh, ja …«, sagt Liv und vergräbt beim Pinseln ihren Kopf so zwischen den Beinen, dass ich befürchte, sie macht noch einen Knoten in ihren Körper.

»Wirhammunsgeküsst«, murmelt sie nach einer weiteren nervenzerfetzenden Pause.

Uff.

Mit diesem Geständnis hätte ich nicht gerechnet. Ich wusste ja nicht mal, dass sie schon sooo weit sind … Sie saßen auch überhaupt nicht wie ein Pärchen auf der Bank, sondern wie Freunde … Okay, ein Glück habe ich die beiden vorhin nicht noch länger beobachtet. Ich kann mir

überhaupt nicht vorstellen, wie das aussieht: Liv und irgend so ein Typ küssen sich!!! Na gut, es ist Noah, aber trotzdem! Meine Liv! Die unterschiedlichsten Gefühle rauschen gerade durch mich hindurch und ich muss mich kurz sortieren.

»Echt?«, frage ich im gelassensten, unaufgeregtesten Tonfall, den ich hinkriege, weil das immer passt, und Liv nickt.

»War aber komisch«, sagt sie leise. »Irgendwie anders.«

»Anders als was?«, frage ich.

»Na, als ich es mir vorgestellt habe«, nuschelt Liv verlegen und pinselt die dritte Schicht Neongelb auf ihre große Zehe. Wenn ich jetzt das Licht ausmache, leuchtet Liv von selbst!

»Warum?«, frage ich.

»Keine Ahnung«, raunzt Liv und zuckt mit den Schultern. »War halt so … schleimig.«

»Oh!«, sage ich und es ist das reinste Wunder, dass ich nicht mit einem Lachen herauspruste. »Habt ihr mit Zu-uungeee?«, japse ich stattdessen.

Doch Liv schüttelt den Kopf. »Neee!«, protestiert sie. »Doch nicht mit Zunge.«

Ich muss kurz nachdenken.

Eilig krame ich mein Wissen über solche Dinge aus *Mädchen* und *Bravo Girl* zusammen. Seltsam, wo soll der Schleim denn dann herkommen, wenn sie sich nur auf die Lippen geküsst haben? Und wenn Liv es jetzt schon eklig findet, wie wird sie es erst finden, wenn sie sich wirklich einen Zungenkuss geben? Urplötzlich bin ich heilfroh, dass ich nicht an ihrer Stelle bin und Liv diese Jungssache vor mir ausprobiert. Dann kann sie mir später wichtige Tipps geben. Aber ganz abgesehen davon, will ich ja sowieso keinen Freund, nur einen Hund, die sind nicht glibbrig, nur weich und warm und schmusig.

»Jetzt sag halt mal was«, unterbricht Liv meine Gedanken.

»Wo kam die Spucke denn her?«, platze ich heraus, aber Liv scheint von meiner Frage nicht weiter überrascht zu sein. Vermutlich hat sie darüber längst selbst ausführlich nachgedacht. Und wahrscheinlich will sie jetzt tatsächlich ganz exakt über die Details sprechen. Liv ist so. Sie möchte alles präzise von Anfang an verstehen. Deswegen ist sie auch so gut in Mathe und Physik.

»Von den Lippen, glaub ich«, sagt sie.

»Aha«, sage ich, schlecke mir kurz über die Lippen und küsse meinen Handrücken. »Ja, guck, da bleibt was drauf.

Wenn man vorher die Lippen befeuchtet. Das habt ihr vielleicht gemacht.«

»Ich sicher nicht«, sagt Liv bestimmt.

»Na ja«, antworte ich, »aber vielleicht dachte Noah, dass man das so macht. Oder sie waren eh schon feucht. Weißt du, was ich glaube? Du gewöhnst dich daran. Das ist bestimmt nur am Anfang komisch. Aber es würde ja nicht alle Welt so ein Theater darum machen, wenn sich's nicht irgendwann doch gut anfühlen würde, oder?«

Liv seufzt unbestimmt.

»Noah hat bestimmt noch nie ein Mädchen geküsst. Ihr müsst halt noch etwas üben«, höre ich mich sagen und kann es nicht fassen. Erst vergehe ich vor Eifersucht auf Noah, weil er mir meine Livvi klaut, dann verteidige ich ihn vor Mama und jetzt rate ich meiner Schwester, sie soll so lange Küssen üben, bis es ihr richtig Spaß macht?!

»Ich meine natürlich nur, wenn du das willst. Wenn nicht, dann nicht.«

»Hm«, sagt Liv.

»Willst du oder nicht?«, hake ich nach.

»Schon«, gibt Liv zu.

Und zack, zwickt die Eifersucht wieder. Das geht mir echt auf die Nerven, dieses Hin und Her. Also ignoriere ich sie großherzig und setze mich neben Liv auf den Boden. Ich lege einen Arm um ihre Schultern und kuschle mich an sie.

»War's denn wenigstens auch ein bisschen schön? So kribbelig im Bauch, wie das überall steht?«

Liv zuckt mit den Schultern und wird rot.

»Dann seid ihr jetzt also zusammen?«, frage ich. »So richtig?«

»Schon«, sagt Liv wieder und beginnt sich zu entfalten.

»Aber ihr macht nix mit Anfassen«, mahne ich.

»Neiiin!«, japst Liv entsetzt. »Nur Händchenhalten.«

»Gut«, sage ich. »Das ist genehmigt. Jetzt musst du's nur noch Mama erzählen.«

»Kannst du ihr das nicht erzählen?«, fragt Liv, dreht den Nagellack zu und stellt ihn wieder aufs Tischchen.

»Okay.« Ich reiße die Zimmertür auf. »Mama! Liv …«

»Pscht!«, zischt Liv.

»He, keine Sorge«, sage ich lachend, »ich mach das schon. Aber nur, wenn du auch weiterhin Zeit für mich hast«, füge ich leise hinzu.

Liv zieht mich an sich. »Och Milda, du bist doch die beste Schwester der Welt und ich hab dich sowieso immer am meisten lieb.«

  68

»Alles klar, dann ist ja gut … Das sieht übrigens total kacke aus«, sage ich, deute auf ihre gelben Zehen und flitze aus dem Zimmer.

Yay!

Am Sonntagabend kann ich meinen Beitrag auswendig und bin für den nächsten Schritt perfekt vorbereitet. Den Ausdruck habe ich durchs Foliergerät laufen lassen und ein weiteres, leeres, auch in Folie eingeschweißtes Blatt Papier unten drangeklebt. Jetzt ist jede Menge Platz für Kommentare und Likes. An einen Permanent-Marker habe ich ein Geschenkband gebunden, Tesafilm und Schere liegen ebenfalls parat. Jetzt muss nur noch Ludwig dringend rausmüssen und es kann losgehen …

Passenderweise muss er genau JETZT.

»Mama, ich geh mit Ludwig«, rufe ich, klappere demonstrativ mit der Leine und bin weg.

So schnell wie heute waren wir noch nie und je näher ich der SchüPiWa komme, desto stärker klopft mein Herz.

Wer hätte gedacht, dass analoges Internet so spannend sein kann …

Ich sehe mich um, ob ich auch nicht beobachtet werde, und friesele mit einigermaßen zittrigen Fingern ein paar Streifen Klebefilm von der Rolle, pappe sie auf meinen Handrücken und platziere dann mein »Video« schön mittig auf der Pinnwand. Dafür muss ich ein uraltes Veranstaltungsplakat und eine Einladung zum Schülerkonzert von letztem Weihnachten überkleben, aber umso besser hält mein Werk auf den glatten Papieroberflächen. Das nächste Mal muss ich unbedingt Pinnwandnadeln mitnehmen, mein folierter Post inklusive Kommentarfunktion ist nämlich schwerer als gedacht.

Perfekt.

Fällt sofort auf. Und mit den ganzen Emojis sieht es fast so aus, wie direkt aus Insta ausgedruckt.

Ich atme tief aus, um mein Herz ein wenig zu beruhigen.

Dann lese ich alles noch mal durch, weil der Text in der neuen Umgebung ja wieder völlig anders wirkt, aber ich bin nach wie vor zufrieden und reiße mich endlich los, weil Ludwig an der Leine zerrt. Stelle ich mir zumindest so vor.

»Ist gut, Lulu, ich komm ja schon.«

Dann laufen wir nach Hause.

In dieser Nacht bekomme ich kein Auge zu.

Was ja eigentlich klar war. Ehrlich, ich habe es unterschätzt, wie schwer es ist, nicht alle fünf Sekunden nachsehen zu können, ob sich schon was getan hat. Was ich ja sonst bei meinen Videos auch nicht konnte, weil ich ja gar nichts posten darf, aber so habe ich mir meine ersten Erfahrungen als Influencerin jedenfalls ausgemalt: Dass pling, pling, die Likes nur so reinschneien.

Zur Beruhigung chatte ich mitten in der Nacht noch heimlich ein wenig mit Polina, was mich wider Erwarten fast noch nervöser macht, weil ich ihr ja von meinem genialen Plan nichts erzählen kann. Doch als wir uns um ein Uhr früh genügend ›So sehe ich aus, wenn ich nicht pennen kann‹-Pyjama-Selfies hin- und hergeschickt haben, muss ich wohl irgendwann eingeschlafen sein.

Am Morgen geht es mir bloß mittelgut.

Ich frage mich, ob das alles vielleicht doch keine so gute Idee war. Bestimmt werden alle über diesen saublöden Einfall lachen und sich in den Kommentaren drüber lustig machen. Wenn überhaupt jemand was drunterschreibt.

Als ich in den Spiegel sehe, erschrecke ich mich vor den

 72

Ringen unter den Augen. Möglicherweise könnte ich ja heute zu Hause bleiben, irgendwo wird sich doch vielleicht auch noch ein wenig Kopfweh auftreiben lassen …

Aber als ich in die Küche komme, scheint Mama leider nichts von meinem wirklich ernsten Gesundheitszustand zu bemerken. Das Einzige, was sie sagt, ist: »Tildi, mein armer Schatz, du hast wieder dein Montagsgesicht.« Dann stellt sie mir eine Portion Porridge mit Zimtzucker und Ahornsirup hin und wedelt mit dem Löffel vor meiner Nase herum. »Hau rein.«

Mal eine Frage: Gibt es überhaupt irgendjemanden auf der Welt, der von Sonntag auf Montag gut schläft? Wie macht ihr das? Ich freue mich auf eure Kommentare, fantasiert mein müdes Gehirn und ich schnaube. Jetzt hatte ich mein Bauchgrummeln gerade für eine wohltuende Sekunde unter all dem Haferflockenpamps nicht bemerkt, schon meldet es sich wieder.

»Noch zu heiß?«, fragt Mama.

Ich schüttle den Kopf und esse weiter.

Als ich den Fahrradhelm aufziehe und meinen Rucksack kontrolliere, kommt Liv die Treppe herunter. Sie lebt nicht nur in einem weißen Zimmer, sondern auch in einer anderen Zeitzone, der Liv-Zeit: Wenn ich losfahre, setzt sich Liv erst zum Frühstück hin und trotzdem schafft sie es immer haarscharf, noch pünktlich zu kommen. Als ich kleiner war, hat sie mir weisgemacht, dass sie Überlichtgeschwindigkeit an ihrem Fahrrad hätte, weil sie die Raumzeit krümmen könnte. Ich hab's ihr total geglaubt! Und ich denke fast immer noch, dass es tatsächlich wahr sein könnte …

Mama drückt mich, wünscht mir wie üblich Viel-Glück-für-alles, weil das unser Morgen-Ritual ist, ohne das ich quasi nicht aus dem Haus kann, und fahre los.

Als ich zum Fahrradkeller abbiege, kann ich einen kurzen Blick auf die Infowand erhaschen. Mein Post hängt gut sichtbar genau dort, wo er sein soll und mir wird vor Aufregung wieder schlecht. Ob schon was draufgeschrieben wurde? Im Moment steht jedenfalls nicht mal jemand davor, um es zu lesen …

Ich schließe mit fliegenden Fingern mein Fahrrad ab und schlendere dann extrem lässig auf die Schultreppe zu, ganz so, als ob ich nur auf dem Weg zum Klassenzimmer sei, wie an jedem beliebigen Morgen. Auf Höhe der Infowand sehe ich demonstrativ auf meine Uhr und ›entscheide‹, dass ich noch genügend Zeit habe, um doch mal wieder zu schauen, ob es Neuigkeiten gibt …

 74

Oh, hoppla, das ist ja verrückt! Jemand macht eine Art schriftlichen Video-Blog, wie interessant …

Ich tue also, als ob ich lese und scanne dabei meine Umgebung. In meinem Kopf wirbeln die Gedanken. Es hat nämlich wirklich noch niemand einen Kommentar hinterlassen und ich bin immer noch weit und breit die Einzige, die überhaupt an der SchüPiWa stehen bleibt! Unablässig strömen Kinder an mir vorbei, doch auch mein hartnäckiges Herumlungern und Studieren inspiriert rein niemanden, neugierig darauf zu werden, was wohl so interessant ist, dass ich da so ausdauernd rumlese. Ich schätze mal, das ist kein gutes Zeichen …

Allmählich wird es mir selbst peinlich, hier noch länger gesehen zu werden, viel lieber würde ich unauffällig zwischen den Schülergruppen verschwinden.

Schöner Feigling bist du, höhnt mein Kopf und ich muss zugeben, dass dieser Einwand nicht ganz ungerechtfertigt ist. Prompt bekomme ich einen Mutanfall und greife nach dem Stift an der Schnur. Vielleicht fällt es den anderen ja leichter, was zu schreiben, wenn man nicht der oder die Erste ist!

Also kommentiere ich einfach drauflos, nagelneue Internet-Aliase denke ich mir sowieso am laufenden Band aus:

Fun_wave: ***** was für eine coole Idee!!!!
Stimme dir voll zu!!!

Ah, perfekt, so sieht das Ganze doch schon mal völlig anders aus. Und weil es gerade so gut läuft, setze ich gleich noch eins drauf. Bisschen die Schrift verstellen und … voilà:

Schokoholic: Genial! Be yourself, denn du bist das ORIGINAL, nicht die KOPIE! **********

Okay, vielleicht habe ich es mit den Sternchen ein wenig übertrieben, aber das ist jetzt auch egal. Kappe auf den Stift und nichts wie weg hier …

Vom Klassenzimmer aus hört man, wie sich Frau Schulte noch mit einer anderen Lehrerin auf dem Gang unterhält, aber Polina ist immer noch nicht da. Hat sie verschlafen, weil wir noch so lang gechattet haben? Na endlich, da kommt sie passend mit dem Gong herein und lässt sich lachend neben mich plumpsen.

»Hast du das an der SchüPiWa gelesen?«, japst sie und ich schüttle den Kopf. »So geil! Oh Mann, zum Glück quatscht Frau Schulte da draußen noch, sonst hätte ich's

 76

nicht geschafft, aber ich MUSSTE unbedingt was drunterschreiben.«

Während die anderen neugierig zuhören, erzählt Polina weiter: »So 'n Post ist das. Wie auf Insta. Nur halt schriftlich. Wie kommt man bitte auf so was?«, sagt sie kichernd und nimmt einen Schluck aus ihrer Trinkflasche und da kommt auch Frau Schulte.

Um ehrlich zu sein, bekomme ich eine ziemlich lange Zeit so gut wie überhaupt nichts mit, weil meine Gedanken ununterbrochen »Yay, yay!« rufen und mich mit Luftschlangen und Konfetti bewerfen. Und zwar in Bonbonfarben und Roségold.

Und soll ich dir was sagen?

Als ich mich nach dem Gitarrenunterricht, den ich immer montags direkt nach der sechsten Stunde in der Musikschule nebenan habe, mit vor Hunger und Aufregung flauem Magen an die Infowand schleppe, sehe ich dort exakt Folgendes:

Lasst mir gern einen Kommentar da!

Fun_wave: ***** was für eine coole Idee!!!! Stimme dir voll zu!!!

Schokoholic: Genial! Be yourself, denn du bist das ORIGINAL, nicht die KOPIE! **********

Sara2005: * Ha, ha, sehr gut! Ich hab auch keine teuren Klamotten. Ich geb mein Geld lieber für Kosmetik aus, shame on me, aber is halt so ☺

Lemontree: Ne Bekannte hat nen Secondhand-Laden für Designer-Kleidung in Berlin. Da will ich mal hin! *

Junglejungle: Is doch total ätzend, auf seine Turn-schuhe reduziert zu werden. Wie doof muss man sein, echt. ***

Frau Schulte: Tolle Aktion. Und wichtig, dass das Thema mal angesprochen wird. Weiter so!

Max1000: *** Eure Probleme will ich haben! Muss die Klamotten vom großen Bruder tragen, DAS is mal scheiße!

Tik-Tok-Girl: Sorry, seh ich anders:
Fashion forever!!!!!!!!!!!!!!!!!!♡♡♡

Wow!

Ich muss buchstäblich einen Schritt zurücktreten und tief Luft holen.

Es hat wirklich geklappt.

Die Kommentare sind original wie im Netz! Und dazwischen Frau Schulte, so dermaßen alman, dass es schon wieder genial ist.

»So geil!«, quieke ich und laufe mit Dauergrinsen in den Fahrradkeller und komme erst wieder so richtig zu mir, als ich zu Hause mein Rad in der Garage abstelle.

Milda allein zu Haus

Als nach einer Ewigkeit Klingeln niemand aufmacht, fällt mir endlich ein, dass Mama heute ihren langen Tag in der Galerie hat, und ich krame meinen eigenen Schlüssel aus dem Rucksack.

In der Diele werfe ich alles von mir, was bekleidungstechnisch nicht absolut notwendig ist. Und dazu zählt als Erstes mein Pullover, den ich mir über den Kopf ziehe und aufatmend in die Ecke schleudere. Ah, schon besser. Und jetzt definitiv die Hose. Weil ich vom Fahrradfahren schwitze, kleben die engen Hosenbeine an mir und ich strample mich fluchend heraus. Wenn jemand zu Hause gewesen wäre, hätte ich an dieser Stelle bestimmt aufmerksamkeitswirksam gekreischt.

Wie halten die anderen das nur aus? Ob sich meine

Freundinnen auch, kaum dass sie zu Hause sind, die Klamotten vom Leib reißen, wie Liv und ich das machen, damit sich alles Eingequetschte wieder entknittern kann?

Ich gehe aufs Klo, wasch mir die Hände und zupfe die zerrumpfelte Slipeinlage aus der Unterhose. Dieses Geknülle tut mit der Zeit richtig weh!

»Se Slipeinlage kroals reit intu mei Wädscheina, sat hörts«, übersetze ich die Sachlage in perfektes Deutschenglischdurcheinander.

Aber ohne geht auch nicht, schließlich macht die lauernde Pubertät in mir keine Ausnahme. Ich habe meine Regel zwar noch nicht, worüber ich wirklich sehr froh bin, wenn ich bedenke, wie Liv wegen der Krämpfe bleich und wimmernd im Bett liegt, aber der Weißfluss muss halt aufgesaugt werden, sonst fühle ich mich unwohl. Wie hat unsere Bio-Lehrerin den theatralisch genannt? ›Vorbote der weiblichen Geschlechtsreife‹. Wenn du diese Worte erst mal gehört hast, kriegst du sie nie wieder aus dem Kopf!

Ich stapfe also in Unterwäsche in die Küche, um mir was zum Essen zu machen. Nicht, dass ich das sonst nicht auch tue, aber montags ist es eben nicht freiwillig, sondern überlebensnotwendig. Auch nicht richtig, wenn dauernd niemand kocht, ist es ja auch überlebensnotwendig. Ich seufze und halte meinen Kopf in den Kühlschrank.

»Dieser Moment, wenn du feststellst, dass du die einzig Erwachsene in der Familie bist, aber dir bis achtzehn noch sechs Jahre fehlen«, raune ich.

Oh, ist das schön erfrischend, mein Gesicht zischt fast beim Abkühlen. Schultage, an denen ich erst nachmittags heimkomme, sind ABSOLUT nichts für mich. Ich weiß schon morgens, dass ich anschließend Kopfschmerzen haben werde. Und genau die kündigen sich jetzt an.

»Keine Ahnung, Leute, wie ihr es auf einer Ganztagsschule aushaltet, ich würde STERBEN!«, erkläre ich dem Kühlschrankinhalt.

So, was ich jetzt dringend brauche, ist eine Bowl und ich nehme Tomaten, eine Paprika und eine Gurke heraus.

»Für eine ultraschnelle Couscous-Bowl«, kommentiere ich für meine imaginären Zuschauer, »schneidet ihr eine Handvoll Gemüse in kleine Stücke und bratet sie mit einem ordentlichen Schluck Olivenöl an. Abschmecken, am besten mit Curry und exotischen Gewürzen und die Pfanne beiseitestellen. In ein schönes, großes Keramikschälchen ...«, ich öffne das kleine Küchenschränkchen, in dem Mama ein handgemachtes Schälchen vom Töpfermarkt aufbewahrt wie einen Schatz und nehme es heraus, »... füllt ihr eine kleine Tasse Couscous, gebt dieselbe Menge kochendes Wasser darüber und verrührt die Mischung. Etwas Gemüsebrühe dazu, ein paar Minuten quellen lassen. Abschmecken, ein Stückchen Butter unterrühren und das Gemüse draufgeben.«

Ich sehe mich in der Küche nach einer geeigneten Fotostelle um und knipse ein schnelles ›So hungry – yummy!‹-Food-Pic von meinem stylischen Lunch und schaufle dann das Essen in mich hinein.

Langsam geht es mir besser und ich merke, wie eine Spannung von mir abfällt, von der ich gar nicht wusste, dass sie mich in ihren Fängen hatte.

Ich muss gähnen, so dermaßen fertig bin ich mit einem Mal. Ich starre auf die Küchenuhr und höre eine ganze Weile wie hypnotisiert ihrem Ticken zu, statt die Zeit abzulesen. Das macht mich noch müder und ich kapituliere. Auf dem Weg die Treppe hoch kann ich die Augen kaum offen halten und mit letzter Kraft schleppe ich mich in mein Zimmer. Wenn Liv später klingelt, ist das meine perfekte Weckzeit und kaum habe ich mich auf dem Bett zusammengerollt, bin ich auch schon eingeschlafen.

Pünktlich nach anderthalb Stunden weckt mich Livs anhaltendes Geklingel aus dem Tiefschlaf und ich taumle mit zerknautschtem Gesicht nach unten.

»Alta, ist ja gut, ich hab's gehört!«, raunze ich und reiße die Haustür auf.

Davor steht Liv.

Und neben ihr Noah.

Und ich trage ein von Liv geerbtes Hanna-Montana-Unterhemd und meine glitzernde Rainbow-Unicorn-Unterhose!

Deswegen knalle ich die Tür postwendend wieder zu.

»He!«, ruft Liv und drückt so lang auf den Klingelknopf, bis der kleine, uralte Klingelkasten im Flur zu schnarren beginnt und mit einem letzten Krächzen verstummt.

»Jetzt hast du die Klingel geschrottet!«, rufe ich.

»Mach halt auf«, blafft Liv zurück.

»Mach dir doch selber auf!«

Ich bin echt sauer! Wie kommt Liv dazu, einfach so Noah mitzubringen, ohne mich vorzuwarnen!

Ich kann ihm doch nie wieder unter die Augen treten und habe mich bis in alle Ewigkeiten auf die Knochen blamiert. Wie kann Liv nur so gemein sein? Sie weiß doch,

 84

dass ich ihr montags die Tür aufmache und zu Hause allermeistens nur halb angezogen rumlaufe oder zumindest wie total gestört!

Liv muss erneut auf die Klingel gedrückt haben, denn der Kasten gibt ein hilfloses Knacken von sich. Dann klopft sie gegen die Tür.

Ich wäge meine Möglichkeiten ab.

Wenn Liv sich bis jetzt immer noch nicht die Mühe gemacht hat, nach ihrem eigenen Schlüssel zu kramen, hat sie höchstwahrscheinlich wie üblich keinen dabei. Also MUSS ich aufmachen, sonst wird es noch peinlicher. Ich werfe einen flüchtigen Blick auf meine Klamotten. Besonders für die auf links gedrehte Hose brauche ich bestimmt fünf Minuten!

»Moment kurz«, rufe ich, sammle die Kleidungsstücke vom Boden auf, presse sie an mich, drehe den Türknauf der Haustür, knalle die Zwischentür des winzigen Windfangs zu, flitze in Lichtgeschwindigkeit die Treppe hinauf und verkrieche mich unter der Bettdecke.

Als wäre ich exakt vier Jahre alt.

Ist mir aber egal. Ich FÜHLE mich ja auch gerade wie vier. Das war wirklich fies von Liv.

Okay, jetzt muss ich vor Enttäuschung sogar heulen.

Wenig später kann ich hören, wie die beiden die Treppe heraufkommen und in Livs Zimmer verschwinden.

Was für eine bescheuerte Situation. Nicht nur das mit dem Aufmachen, sondern auch die cringy Vorstellung, dass Liv und Noah jetzt dort drüben ganz allein sind.

Was sie wohl machen?

»Na, das kann ich mir schon denken«, knurre ich und werfe die Decke zurück.

Schließlich habe ich Liv ja sogar ausdrücklich dazu geraten, das Küssen so lange zu üben, bis es Spaß macht. Und wenn es dann Spaß macht, fällt mir gerade ein, dann machen sie es ja erst recht andauernd.

»Wluäh!« Da schüttelt es mich ja!

Ich ziehe bequeme Klamotten an und setze mich an den Schreibtisch. Nach zwei Sekunden springe ich wieder auf und lege mein Ohr an die Wand. Wenn ich sie nicht reden höre, werde ich … werde ich … Liv eine WhatsApp schicken … und … und … sie was fragen. Wegen Mathe oder so …

»Machst'n da?«, fragt Liv in diesem Moment mit flüsternder Stimme und ich fahre herum.

Leise schließt sie die Zimmertür.

Oh. My. God.

Wie peinlich ist DAS jetzt schon wieder? Zum Glück hat sie Noah nicht …

»Pst«, macht Liv und nickt in Richtung ihres Zimmers. »Noah ist da.«

Haha, als ob ich das nicht wüsste.

»Daswarsowasvongemein, ichhattedochgarnixan«, zische ich augenblicklich los.

Liv schüttelt den Kopf und legt einen Finger auf die Lippen.

»Hör auf mich anzupampen! Ich bin extra zu dir reingekommen, um mit dir zu reden, aber ich kann auch gerne wieder …«, sagt sie und legt die Hand auf die Klinke.

Ich stemme die Arme in die Seite und funkle sie wütend an.

»Echt ey, wie alt bist du?«, ätzt Liv. Dann setzt sie sich aufs Bett. »Mann, jetzt komm mal wieder runter. Ich wollte dir eigentlich bloß sagen, dass er überhaupt nichts gesehen hat. Er stand doch hinter mir und ich selbst habe ja kaum was gesehen. Die Tür war bloß drei Millisekunden auf. Und auch nur so 'n Schlitz. Glaub mir, alles gut!«

»Aber du hättest mich ja wenigstens vorwarnen …«, schimpfe ich los.

»Wenn du deine Nachrichten halt nicht liest …«, sagt

Liv, »… also dann kann ich echt nichts dafür.« Sie steht auf. »Und keine Sorge, wir knutschen nicht, sondern lernen. Ich schreibe bald Physik-Leistungskurs-Klausur, da muss er mir noch was erklären.«

Leise schließt sie die Tür und als ich mein Handy anmache, überfällt mich eine dritte Welle von Scham.

Klar, es geht immer noch krasser

Tatsächlich.

Ich habe einen verpassten Anruf und drei Nachrichten von Frau Schmidt. So heißt Liv in meinem Handy, weil sie manchmal mit ihrem Messy-Bun ganz oben auf dem Kopf und mit auf die Nasenspitze hinuntergerutschter Brille so dermaßen Frau-Schmidt-von-gegenüber-mäßig aussieht wie nur was.

HEUTE

> Hi, bring Noah mit.
> Müssn noch Physik machn
>
> 15:17 ✓✓

 89

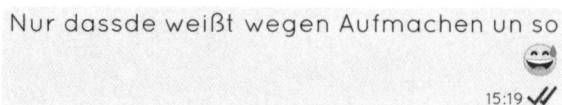

Nur dassde weißt wegen Aufmachen un so

15:19 ✓✓

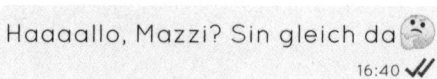

Haaaallo, Mazzi? Sin gleich da

16:40 ✓✓

Aber wie süß von Liv, dass sie wirklich dran gedacht hat, mich vorzuwarnen! Ich habe sie augenblicklich wieder total lieb und krieg sofort ein schlechtes Gewissen, dass ich ihr unterstellt habe, sie hätte mich absichtlich oder aus Verpeiltheit ins Messer laufen lassen.

Oh, ich bin so bescheuert!

Ich lausche sicherheitshalber noch mal und höre tatsächlich Stimmen. Außerdem weiß ich, dass Liv Schule total ernst nimmt. Wenn sie sagt, sie lernt, dann tut sie das auch. Und zwar so lang, bis sie's kapiert hat. Liv wird sogar ziemlich unleidlich, wenn sie etwas nicht bis ins kleinste Detail nachvollziehen kann, habe ich ja schon erzählt. Sogar etwas nervig manchmal, diese vielen Erklärvideos, die am laufenden Band in doppelter Redegeschwindigkeit aus ihrem Zimmer quasseln … Ich sollte mich nachher bei ihr entschuldigen.

Aber jetzt muss ich dringend wieder in die Spur kommen – mein nächster Post steht an und zwar dringend!

Gelangweilt kritzle ich meine Schreibtischunterlage mit Sternen voll, so lang, bis ich zwei Ideen habe, die mir geeignet erscheinen, sie gleich umzusetzen. Die eine betrifft meine Haare, die ich dringend waschen muss, wovor ich mich das ganze Wochenende schon gedrückt habe.

Bei der anderen geht es um meinen neuen Post.

»Pinboarrrd Tschännnlll baiii Miss Ex«, blubbere ich in übertriebenstem Amerikanisch, während mein Kopf in die Badewanne hängt, und halte gleich noch eine Rede vor den Mitarbeitern meiner Werbeagentur-to-be. »›Ein gutes Branding, liebe Kolleginnen und Kollegen‹ … nee, besser, Leute … oder … Dudes, ja genau! ›Also Dudes, ein gutes Branding macht die Marke!‹«

Ich wasche den Schaum aus und beobachte, wie er in den Abfluss gurgelt. Vor meinem inneren Auge bekomme ich Applaus von lauter hippen Leuten in einem ultrastylischen Konferenzraum, mit ultramodernen Stühlen und ultraschicken Lichtinstallationen und Kunstwerken an den ultrahohen Backsteinwänden eines ultraangesagten Fabriklofts, mit ultragenialem Blick direkt aufs Meer.

»Ja, so wird das mal«, sage ich und nudle meine Haare in ein Handtuch.

Jetzt werde ich sie gut trocken föhnen und dann drehe

  91

ich Taschentücher rein. Das werden die besten Locken der Welt! Nach dem Föhnen angle ich nach einem Päckchen Taschentücher, falte sie auseinander und rolle sie anschließend diagonal wieder zu Würsten zusammen. Strähne für Strähne rolle ich auf die Taschentuchschlangen und verknote die Enden, damit nichts wieder aufgeht. Für meinen gesamten Haarschopf verbrauche ich fast zwei Päckchen, aber das macht gar nichts, denn man kann sie hinterher ja noch benutzen.

Auf meinem Kopf wippt und zwickt es jetzt nach dieser Prozedur vor sich hin und meine Arme sind lahm. Mir graut jetzt schon vor der Nacht, aber dafür habe ich morgen den lässigsten Out-of-bed-Look, den man sich vorstellen kann. Ist doch klar, als Influencerin, egal ob im Netz oder real, muss ich ja schließlich genau das tun, nämlich influencen! Und paff, da ist sie auch schon, die Idee, wie ich meinen Post zusätzlich aufpeppen könnte, damit er ein wenig interaktiver wird: Abreißzettel!

»Abreißzettel, die guten, alten Abreißzettel«, freue ich mich vor mich hin, und räume dabei rasch das Bad auf. Wie am Mitteilungsbrett im Supermarkt oder den Zetteln an den Laternen. Na klar, so einfach, das fände Mama jetzt bestimmt wieder total gut! Auf diese Weise kann ich nicht nur meine Lieblingsrezepte teilen, sondern auch kleine DIYs!

In Gedanken wäge ich gerade meine besten Backanleitungen gegeneinander ab, als mir einfällt, dass Liv sich gestern buntes Papier und meine Schere ausgeliehen hat. Beides brauche ich jetzt, deshalb stürme ich aus dem Bad und biege zu Livs Zimmer ab, als ich höre, wie Mama nach Hause kommt.

»Hallo Kinder, ich bin wieder da-ha«, ruft sie laut und wirft klimpernd den Schlüssel in die große Schale auf der Kommode.

»Hi Mamsi!«, grüße ich im Laufen zurück und reiße Livs Zimmertür auf. »Ich brauche meine Schere wieder«, rufe ich und erst als ich den Schreibtisch schon halb erreicht habe, bleibe ich wie angefroren stehen.

Ebenso erstarrt schauen Liv und Noah vom Boden zu mir hoch, wo sie ins Lernen zwischen Ordnern, Arbeitsblättern und Laptop vertieft waren.

Es ist schon wieder passiert …

Ich habe Noah total vergessen!

Mir wird so heiß, wie noch niemals im Leben.

Und weil es immer noch schlimmer kommen kann, fällt mir prompt eins meiner Taschentuchpapilloten aus den

Haaren und landet mit einem leisen Geräusch mitten auf einer Klarsichthülle.

Liv presst ihre Hände auf den Mund. Ich rechne es ihr hoch an, dass sie nicht in Lachen ausbricht.

Mein Kopf fühlt sich an, als müsse er gleich explodieren, während ich mir verrückterweise irgendwie von oben zusehen kann, wie ich dort stehe, mit zwei Päckchen Taschentüchern im Haar und meinen ausgebeulten und ziemlich verkleckerten Couch-Potato-Klamotten. Ich kann mich nicht mal bewegen, um zu flüchten!

»Na ja«, sagt Liv nach einer gefühlten Ewigkeit, »also das ist meine Schwester. Mathilda.«

»Hi«, sagt Noah und macht eine kleine Winkbewegung.

»Hmm mmm mmm«, macht meine Stimme.

»Also die Schere liegt auf dem Englisch-Buch«, sagt Liv hilfsbereit. »Rechts, das grüne.«

Mit einem Mal klappt die Körperkoordination wieder, ich schnappe mir die Schere und bin so schnell aus dem Zimmer, dass ich sicher eine Staubwolke hinterlasse.

Draußen pralle ich (natürlich!) in Mama, die erstaunt uffzt und dann in Livs Zimmer tritt.

Ich höre sie gerade noch »Liv-Spatz, du ...« und kurz darauf überrascht »Ach!« rufen, als sie Noah entdeckt haben

muss, und ziehe mir schon zum zweiten Mal an diesem Tag die Bettdecke über den Kopf.

Doch ich habe nicht viel Zeit in meinem Selbstmitleid zu baden, denn nur ein paar Sekunden später kommt Mama rein, setzt sich zu mir und zieht mir die Decke vom Gesicht.

»Was ist denn jetzt mit diesem Noah?«, fragt sie.

»Ich bin da SO rein«, quieke ich, immer noch im Durchdrehmodus und deute auf meine Papierlocken.

»Aha«, sagt Mama bloß. »Also jetzt sag doch mal …«

Ich setze mich auf. Einerseits kann ich es überhaupt nicht leiden, wenn Mama ein Problem von mir nicht genauso tragisch findet, wie ich selbst, andererseits merke ich, dass sie gerade tatsächlich wegen der Noah-Sache ratlos ist. Und irgendwie sitzen wir ja im selben Boot, sie ist schließlich auch einfach so hereingeplatzt. Und für Mütter scheint es hart zu sein, ihre Tochter das erste Mal so nah mit einem Jungen zu sehen. Zumindest für meine Mutter. Ganz abgesehen davon, dass ich schließlich auch eine Weile für die Verarbeitung gebraucht habe …

»Sie machen Physik«, sage ich schulterzuckend und hoffe, ich kann ihr so verdeutlichen, dass ich ihr Problem dann eben halt auch nicht ernst nehme.

»Ja, aber …«, sagt Mama hilflos und neigt den Kopf zur Wand, um zu lauschen.

»Mama!«, schimpfe ich.

»Sorry«, sagt Mama verlegen.

»Jetzt chill mal!« Ich rapple mich vom Bett runter. »Sie lernen. Ich glaube, die sind voll das gute Team. Liv ist ja auch mehr so brainmäßig drauf. Zusammen kriegen die mal 'nen Nobelpreis. Echt, Mama, besser so 'n Nerd als so 'n aufgesetzt ultracooler Checker.«

»Hmmm …«, sagt Mama und ich weiß ganz genau, dass sie auf etwas völlig anderes hinauswill.

»Ich habe recht«, betone ich.

»Hm«, sagt Mama wieder. »Nee, ich will eigentlich wissen … Also, du weißt schon … wie weit die beiden schon sind?«

»Mama!«, schimpfe ich wieder theatralisch. »Ich habe KEI-NE AH-NUNG! Das will ich auch gar nicht wissen …«

Mama wiegt den Kopf.

»Was gibt's zu essen?«, lenke ich ab.

»Oh«, sagt Mama, »stimmt. Meinst du, Noah will auch was mitessen?«

»WILL NOAH AUCH WAS MITESSEN???«, brülle ich und Mama zuckt zusammen.

Eine kurze Weile ist es still.

»Jo-a«, antwortet Liv betont lässig.

Mama und ich müssen grinsen.

»Ist für uns beide eine krasse Veränderung, Mama«, sage ich und dann nehmen wir uns in den Arm.

»Kriegen wir hin«, sagt sie. »Ist eigentlich schade, dass man seine Kinder nicht in irgendeinem selbst gewählten Alter anhalten darf, also so, dass sie immer so bleiben«, sagt Mama und klingt wehmütig.

»Ach Quatsch!«, protestiere ich. »Wenn du mich mit fünf angehalten hättest, hättest du mich doch mit zwölf gar nicht gekannt«, sage ich. »Und das wäre doch echt schade, oder?«

Ich klimpere mit den Wimpern.

»Echt schade«, bestätigt Mama.

»Und wenn du Liv jetzt in dieser Sekunde anhalten würdest, dann würdest du nie ihre supersüßen Kulleraugenbabys kennenlernen, die sie irgendwann mit Noah macht«, pruste ich heraus.

»Du hast recht«, lacht Mama. »Hauptsache, sie warten damit noch zwanzig Jahre!«

Jede Menge Follower

Nach dem Essen ist Mama genauso verknallt in Noah wie Liv – und ich und meine Papierlocken sitzen wieder am Schreibtisch.

Mein Bauch ist zum Glück so dermaßen gefüllt mit Fertiglasagne und Stracciatella-Creme aus der Tüte, dass für störendes Eifersuchtsgezwicke kein Platz ist.

Und sowieso: Ich muss mich auf mein Business konzentrieren. Und diesmal geht mir mein Post sogar richtig schnell von der Hand. Mit den Abreißzetteln in Orange (hässlich, aber hat Signalwirkung!) ist er auch ein Eyecatcher. *Genuine eyecatcher*, schlägt Google sogar vor, als ich das englische Wort für ›echter Hingucker‹ in den Übersetzer tippe.

»Ich geh ’ne Runde mit Ludwig!«, rufe ich Mama zu und

 98

bin gerade mal halb aus der Tür, als sie antwortet: »Hast du's Handy dabei?«

Ich grinse. Breit und genüsslich.

Denn erstens MUSS meine Hartnäckigkeit bezüglich Hunderunde allmählich ihre Spuren hinterlassen und zweitens amüsiert es mich gerade, wie perfekt inkonsequent Mama ist. Zu viel Handynutzung ist anscheinend so schädlich wie Rauchen, aber als Bodyguard ist es so gut wie unersetzlich?

»Ja-ha!«, rufe ich. »Ich bin ununterbrochen online und guck dauernd drauf, keine Sorge, du kannst mich jede Sekunde erreichen.«

»Nein, du sollst auf die Straße achten!«, schimpft Mama. »Und nicht aufs Handy gucken.«

»Alles klar«, melde ich zurück und ziehe die Haustür zu.

Kurz darauf sind wir an der Schule.

»Schön Sitz machen, Ludwig«, befehle ich, dann tausche ich den neuen gegen den alten Post aus. Es sind sogar noch ein paar Kommentare dazugekommen und jemand hat sich tatsächlich die Mühe gemacht, ein großes Daumenhoch-Zeichen an den Rand zu zeichnen.

 99

»Wow«, murmele ich und bin so richtig gerührt.

Als der neue Beitrag hängt, trete ich ein paar Schritte zurück und will noch ein wenig meine Bewunderung für mich selbst auskosten, als das Handy klingelt und Mama fragt, ob ich ihr nicht zuuufällig noch was vom Supermarkt mitbringen könne. Um es ein wenig auf die Spitze zu treiben, sage ich ihr, dass meine Gassirunde mit Ludwig leider überhaupt nicht am Supermarkt vorbeiführt, ich aber großzügig bereit wäre, ausnahmsweise extra für sie einen Umweg zu laufen – also natürlich nur, wenn Ludwig auch damit einverstanden ist.

Und was erwidert sie darauf: »Danke, das ist lieb von dir, ich spendiere ihm auch eine Tüte Leckerli.«

So ist das mit Erwachsenen.

Irgendwie wird man nicht schlau aus ihnen.

War das jetzt Ironie? Oder meinte sie es ernst im Sinne von: ›Ich verstehe und respektiere deinen Wunsch nach einem Haustier und deswegen habe ich mich gerade das erste Mal ein wenig wohlwollend dazu geäußert?‹ Oder war es einfach ein ›Hauptsache, du gehst für mich einkaufen, und wenn ich deinem imaginären Hund dafür bestechen muss‹-Versuch? Ich weiß es nicht.

Aber die Tüte Leckerli werde ich auf alle Fälle kaufen!

Am nächsten Morgen linse ich bei der Einfahrt in den Fahr-radkeller so dermaßen auf die weithin sichtbare Reihe der orangenen Abreißzettel, dass ich beinahe einen Unfall ver-ursache. Ich schaffe es im letzten Moment noch zu brem-sen und kann um Haaresbreite verhindern, dem Rektor hintendrauf zu fahren. Dabei stürze ich fast übers Lenkrad, aber letztlich hat sich mein Manöver gelohnt, denn trotz meiner Verkehrsgefährdung konnte ich immerhin feststel-len: Die Reihe ist nicht mehr vollständig, es fehlen schon Zettel. Und das noch VOR der ersten Stunde!

Natürlich laufe ich über die Außentreppe, um noch mal Gelegenheit zu haben, die Pinnwand in Augenschein zu nehmen.

Yess, yess, yess, der neue Blogartikel scheint anzukom-men: Ich registriere mit flatterndem Herzklopfen (und immer noch ein wenig zittrig wegen meines Beinahe-Zu-sammenstoßes) zwei Leserinnen.

UMWELT = UMUNS

Herzlich willkommen bei

K L A R T E X T by Miss X

Euer Pinboard-Channel über
„DAS LEBEN ALS TEENAGER"

KLARTEXT: Wenn es um **UMWELT** geht, geht es auch immer um uns!
Klar, es gibt immer noch Leute, die meinen, die Umwelt regelt das alles schon
von ganz alleine, wir wären nicht so weit gekommen, wenn es irgendwie **BRENZLIG**
werden würde.
Klimawandel? Ist doch super, kann ich auch noch im Winter ins Freibad!
HALLO? JEMAND ZU HAUSE DA OBEN IM GEHIRN?
Die globale Erderwärmung geht uns alle an und zwar NICHT NUR **FREITAGS** auf
einer Demo. Wir können jeden einzelnen Tag etwas tun — viele kleine Minibeiträge
summieren sich, wenn jeder mithilft.
Was mir aufgefallen ist: Speziell im Beauty-Bereich können wir eine Menge
PLASTIKMIST einsparen. Unten findet ihr zum Beispiel mein Lieblingsrezept
für **SELBST GEMACHTEN BODYSCRUB**, ganz ohne Verpackungsmüll,
Konservierungsmittel, künstlichen Zusatzstoffen und Mikroplastik …
Probiert's mal aus, hinterher fühlt man sich **WIE NEUGEBOREN** — eignet sich
übrigens auch zum Verschenken: In ein Schraubglas füllen, selbst gemachtes Etikett
drauf und fertig!
Welche Umwelt-Tipps habt ihr für uns? Was spart ihr ein, was versucht ihr, was
gelingt euch, was klappt noch nicht so gut …?

Ich freue mich auf eure Kommentare und lasst mir gerne auch ein **STERNCHEN** da!

Bis bald, eure Miss X

SUGAR PEELING	**SUGAR PEELING**	**SUGAR PEELING**	**SUGAR PEELING**	**SUGAR PEELING**
Olivenöl oder Kokosöl mit normalem oder braunem Zucker mischen, bis eine Paste entsteht. Etwas Honig oder Zitronensaft dazugeben. Statt Zucker kann man auch Kaffeesatz nehmen. Und jetzt ab in die Dusche!	Olivenöl oder Kokosöl mit normalem oder braunem Zucker mischen, bis eine Paste entsteht. Etwas Honig oder Zitronensaft dazugeben. Statt Zucker kann man auch Kaffeesatz nehmen. Und jetzt ab in die Dusche!	Olivenöl oder Kokosöl mit normalem oder braunem Zucker mischen, bis eine Paste entsteht. Etwas Honig oder Zitronensaft dazugeben. Statt Zucker kann man auch Kaffeesatz nehmen. Und jetzt ab in die Dusche!	Olivenöl oder Kokosöl mit normalem oder braunem Zucker mischen, bis eine Paste entsteht. Etwas Honig oder Zitronensaft dazugeben. Statt Zucker kann man auch Kaffeesatz nehmen. Und jetzt ab in die Dusche!	Olivenöl oder Kokosöl mit normalem oder braunem Zucker mischen, bis eine Paste entsteht. Etwas Honig oder Zitronensaft dazugeben. Statt Zucker kann man auch Kaffeesatz nehmen. Und jetzt ab in die Dusche!

In der Pause zieht mich sogar Polina mit sich, weil sie unbedingt noch den Post kommentieren möchte. So undercover unterwegs zu sein und zur Tarnung meinen eigenen Beitrag zu lesen, ist, ich schwör's dir, aufregender als ich dachte.

»Och, leider kein Rezept mehr da«, mault Polina, als sie feststellt, dass bereits alle Zettel abgerissen worden sind.

»Ich glaub, ich weiß noch, wie das ging. Ich schreib's dir nachher auf«, antworte ich und dann lesen wir uns gemeinsam durch die Kommentare.

Lasst mir gern einen Kommentar da!

Felicitas: keine Plastikstrohhalme mehr kaufen ✳✳✳

Clara ♡: Einkaufstasche mitnehmen ist doch echt nicht so schwer! ✳✳✳✳

Herr Neumann: Verpackungen weiter benutzen, Fehldrucke als Schmierpapier verwenden, Müll auch mal aufheben, wenn er rumliegt, Kinder!
Prima übrigens das hier.

Mohammed: Geräte nicht im Standby lassen, Leute, das schluckt Strom wie irre ✳✳✳✳

Blume333: total wahr ↑↑↑, auch Ladekabel aus der Steck-dose ziehen!!! Außerdem können die anfangen zu brennen, meim Cousin passiert, halbes Haus abgefackelt!!!!
✳✳✳✳✳✳✳✳✳✳

12345: #zerowaste #plastikfrei #nachhaltigkeit #vegan

DER NILS: NAHRUNGSMITTEL SIND NACH ABLAUF DES MINDESTHALTBARKEITSDATUMS NOCH EWIG GUT, WARUM KAPIERT DAS NIEMAND? MILLIONEN TONNEN AN LEBENS-MITTELN WERDEN WEGGEWORFEN! ✯ ✯ ✯

XYZ: WASSER AUS PLASTIKFLASCHEN IST EKLIG UND BESCHEUERT, AUS DEM WASSERHAHN KOMMT VIEL BESSERES!!!!!!! ✳

Ponyfee: laufen oder mim Rad, nich Auto, Fahrgemeinschaften bilden

Karotte: Be veggie, Leute. Einfach keine Tiere essen, that's it. Und vegan ist noch geiler!

Lukas: in Deutschland pro Stunde: 320000 Scheiß-Plastikbecher für Getränke! Bringt euren eigenen Becher mit!!!!!!!!!!

Grünkram: Gemüse und Obst im Bioladen kaufen, Klamotten Second Hand ✷✷✷✷✷

Sina12: hab daheim die Alufolie abgeschafft! Und alle dachten erst, wir würden nie ohne klarkommen! ✸✸✸✸

Faktenfakten: CHILLT MAL Leute, ist doch aLLes Panikmache und Fake

Polina sieht mich an.

»Krass, oder? Der hat sie ja nicht alle? Genau wegen solcher Idioten geht noch die Welt unter.«

Polina greift nach dem Stift und schreibt.

Polly: @Faktenfakten:???, nicht dein Ernst! Mein Tipp: abschminken mit stinknormalem Mikrofasertuch, geht meeeega gut!!!!

Dann macht sie die leere Zeile mit Sternchen voll.

»Wer da wohl dahintersteckt, würde mich schon mal interessieren«, fragt sie ins Geläut der Schulglocke hinein.

»Hinter dem Faktentyp?«, hake ich nach.

»Nee«, sagt sie. »Hinter der Megaidee mit diesem Insta-Ding in real. Auf Insta hätte die bestimmt total viele Follower.«

»Könnte ja auch ein Junge sein«, werfe ich ein.

Polina rollt mit den Augen. »Auf die Idee kommt doch kein Junge.«

»Stimmt«, bestätige ich grinsend.

»Außerdem steht doch Miss X drauf«, sagt Polina. »Aber okay, wissen kann man's trotzdem nicht …«

»Aber du schminkst dich doch gar nicht«, versuche ich sie vom Thema abzulenken.

»Aber Lena. Meine Schwester schwört, dass es nix Besseres gibt. Komplett ohne Chemie«, redet Polina weiter. »Also klar, das Mikrofasertuch ist auch aus Polyestermaterial hergestellt, aber man braucht wenigstens keine Lotionen und Schaums und Zeugs mehr zusätzlich und man kann es tausend Mal wieder auswaschen.«

Ich nehme mir vor, Polinas Tipp ganz bestimmt spätestens bei meinem nächsten Halloween-Stich-Schuss-Schürf-Brandwunden-Horror-Schminkanfall auszuprobieren.

Man kann sagen:
Läuft bei mir!

Während ich in den nächsten Wochen Liv und Noah nebenan quatschen höre (und ich unterbreche schwesterlich hilfsbereit bei jedem einzelnen Besuch jede einzelne Stille, die länger als fünf Sekunden dauert, mit einer beiläufig hinübergebrüllten Frage), verfasse ich neue Beiträge.

Und ich werde immer besser im Kurzfassen von Rezepten für die Abreißzettel.

Inzwischen fühlt sich die ganze Aktion auch gar nicht mehr altmodisch analog an, sondern ganz normal. Ob ich nun auf mein Handy schauen würde, um alle zwei Sekunden die Kommentare zu checken, oder während des Schultages und abends beim Austauschen der Beiträge, stört

mich gar nicht mehr. Im Gegenteil. Relaxed auch irgendwie. *Entschleunigt*, würde Mama sagen.

Was ich aber eigentlich erzählen will, ist, dass nach ein paar weiteren Beiträgen heute das passiert ist: Ich kaufe die Schülerzeitung am Stand in der Aula, schlage sie irgendwo auf und da ist doch tatsächlich ein Artikel über mich erschienen!

WER IST DIE GEHEIMNISVOLLE GHOST-TUBERIN?
Von Schülerreporterin Sophie Weingarten

Seit ein paar Wochen erstrahlt unsere miefige Uralt-Pinnwand in neuem Glanz. Denn sie wird endlich nicht länger nur von genauso uralten Veranstaltungshinweisen zugepflastert, sondern von etwas ganz Neuem: Sie dient als eine Art Youtube oder Instagram in Papierform. Und das kommt bei den Schülerinnen und Schülern richtig gut an. Die Themen des Blogs sind immer unterschiedlich, verständlich formuliert und interessant. Die Abreißzettel sind inzwischen längst vor der großen Pause weg und die Kommentare werden immer mehr.

Auch viele Lehrer beteiligen sich und schreiben Kommentare, wobei die meisten (oder zumindest viele) offensichtlich ihren richtigen Namen verwenden, was total fair rüberkommt. Richtig toll also, dass jemand diese Idee hatte.

Die Redaktion erreichten (besonders auch von Lehrerseite!) viele Nachfragen bezüglich des Rezepts für die Brainpower-Kekse. Wir haben keine Mühen gescheut und konnten jemanden ausfindig machen, der einen der Zettel ergattert hatte, Rezept siehe unten.

Hinweise zur Identität von Miss X bitte an die Redaktion. Belohnung: Das ebenfalls heiß begehrte DIY-Rezept für den Eine-Minute-Schoko-Tassenkuchen mit garantiert eine Million Kalorien ...

Brainpower-Cookies

Mische nach Belieben: Haferflocken, Nüsse, klein geschnittene Trockenfrüchte, Kokosraspeln, Schokostückchen, Honig mit einem aufgeschlagenen Eiweiß oder einer zerquetschten Banane. Kugeln rollen, auf Backpapier legen, platt drücken, im Ofen bei 150 °C für 20 Minuten trocknen lassen.

Yummy!!!

»Hast du inzwischen 'n Schimmer, wer es sein könnte?«, fragt Polina, die über meiner Schulter mitgelesen hat.

»Ffff … näää … hm …« Schulterzuckend schlage ich die Zeitung zu.

Die Aula leert sich und wir gehen ins Klassenzimmer.

»Ich find das so witzig«, sagt Polina. »Aber entweder ist das 'ne echt Coole oder so 'n Nerd. Die vielleicht sonst mit niemandem etwas zu tun hat, freundemäßig, weißt du, was ich meine? Weil, das macht doch voll viel Arbeit und so richtig Likes kann man ja auch nicht sammeln. Manchmal frage ich mich schon, was sie eigentlich davon hat, oder? Was bringt's ihr?«

Bevor ich vor lauter Erstaunen darüber, dass mir Polinas Überlegungen zum Sinn und Unsinn meiner geheimen Bloggertätigkeit tatsächlich einen kleinen Stich versetzt haben, überhaupt zu einer Antwort komme, hat Tamara das Gesagte schon aufgenommen.

»Is echt so«, sagt sie und klebt ihren Kaugummi unter den Tisch. »Die hat wahrscheinlich auch kein Hobby«, fügt sie hinzu.

»Ach, und du hast eins?«, murmele ich in das Läuten der Klingel hinein und bin sauer.

Dass Tamara deswegen rumätzen muss, war ja klar,

aber Polina? Ich werfe ihr einen missmutigen Seitenblick zu. Andererseits weiß sie nicht, dass ich Miss X bin, und konnte deswegen auch nicht ahnen, dass ich über ihre Meinung jetzt irgendwie … hm, was eigentlich? … na ja, enttäuscht bin.

Aber was soll's, es macht mir halt einfach Spaß, das kann ich vor mir doch auch zugeben, oder nicht? Ja, es ist eine Art Hobby. Und daran ist schließlich nichts falsch.

Polina beschwert sich oft genug bei mir, dass es ihr nachmittags und an den Wochenenden oft sterbenslangweilig ist und sie keinen Schimmer hat, was sie mit sich anfangen soll. Aber sie tut dann aktiv auch nichts GEGEN ihre Langeweile.

Aber dann über andere herziehen, denke ich genervt und bin mir gleichzeitig bewusst, wie albern meine Reaktion ist. Denn wahrscheinlich hat Polina es völlig anders gemeint, als es bei mir ankam, und Tamara geht einem sowieso ständig auf den Geist, egal mit welchem Thema. Trotzdem kann ich mich kein bisschen auf den Unterricht konzentrieren, was aber nicht so schlimm ist, weil Herr Mühlbacher nach zehn Minuten einen Film laufen lässt und nebenbei Klausuren korrigiert. Wenn unsere Eltern wüssten, wie oft wir Schüler bescheuerte Filme gucken

111

müssen, wären die Medienzeit-Diskussionen zu Hause total hinfällig, weil wir sie in der Schule sowieso längst aufgebraucht haben – deswegen erzählt es auch niemand zu Hause, was aber wiederrum dazu führt, dass wir auch weiterhin damit gequält werden, oh Mann!

Am frühen Abend sitze ich nach dem Geräteturnen, noch ungeduscht und schlapp wie ein Tintenfisch, am Küchentisch und schaufle völlig ausgehungert einen großen Teller Nudeln mit Olivenöl und Parmesan in mich hinein. Was übrigens die beste Methode ist, sich in kürzester Zeit pappsatt zu fühlen. Dabei fällt mir auf, dass ich, statt mir wie üblich ein Video anzusehen, kaum dass Mama die Küche verlassen hat, einfach nur an die Wand starre und nachdenke.

»Hast du was, Tildi?«, fragt Mama prompt und bleibt (in einem Film wäre an dieser Stelle ein Bremsenquietschgeräusch zu hören gewesen) im Türrahmen stehen.

»Was? Nee, ist nur wegen der Hausaufgaben«, schwindle ich.

»Du musst JETZT noch Hausaufgaben machen?«, fragt Mama entsetzt. »NACH dem Abendessen?«

Für Mama ist es völlig undenkbar, dass man nach dem

Abendessen auch nur einen einzigen vernünftigen Gedanken fassen kann. Mama kann im Gegensatz zu mir überhaupt nur denken, wenn sie nichts gegessen hat, weswegen sie meistens erst abends die gesamten Mahlzeiten des Tages nachholt. Ich hingegen könnte auch mit einem halben Kilo Nudeln im Magen aufs Trampolin raus und Saltos schlagen. Ich springe auf und laufe auf meinen Händen aus der Küche.

»Nein, keine Sorge, muss nur noch was ergänzen. Kannst du mir mal die Tür aufhalten?«, füge ich hinzu, während ich mich mit angewinkelten Beinen ausbalanciere und dabei höllisch aufpassen muss, dass ich mit den Füßen nicht die Dekoration vom Sideboard wische.

»Dass dir nicht dein Essen wieder aus dem Mund fällt …«, sagt Mama wie üblich. »Und geh mal duschen …«

»Stinke ich?«, frage ich mit einem gewissen Stolz in der Stimme, weil nur echte Teenager nach dem Sport müffeln.

»Och …«, sagt Mama.

Als ich oben bin fällt mir ein, dass ich während des Duschens eine Gesichtsmaske machen könnte. Ich stürme also wieder hinunter und mische aus einer zerdrückten Banane, zwei Esslöffeln Naturjoghurt und einem Esslöffel Honig einen leckeren Brei zusammen. Am liebsten mag

ich nämlich Masken, von denen man die Reste einfach aufessen kann.

Anschließend spachtle ich mir nur so viel ins Gesicht,
dass der Rest einen leckeren Nachtisch ergibt, klettere in
die Badewanne und ziehe den Duschvorhang zu. Beim
Abtrocknen steht mein neuer Post quasi abschreibfertig
in meinem Gedächtnis zur Verfügung. Und den Haut-
pflege-Anfall nehme ich zum Anlass, ein ›Eat your Gesichtsmaske für den doppelten Beauty-Effekt‹-Rezept mit
dranzuhängen …

Essbare Gesichtsmaske

2 TL Kakaopulver

2 TL flüssiges Kokosöl

oder 3 TL Olivenöl

1 EL Honig

Alles verrühren und mit Pinsel auftragen.

Schälchen ausschlecken!

Von innen und außen schön bleiben

WHAT?

Weil es schon so spät war, ließ mich Mama nicht mehr mit Ludwig um den Block gehen, sodass ich meinen neuen Beitrag erst am nächsten Morgen aufhängen konnte.

Und da hing er dann, sogar länger als sonst, weil meine Klasse am nächsten Tag eine Exkursion hatte und wir uns den ganzen Tag die Gebetshäuser der verschiedenen Religionen angeschaut haben, sodass ich am Abend nicht mehr wusste, welche Gläubigen wie wann und wohin gehen und welcher Gott zu wem gehört und ich mich total erschöpft gefühlt habe. Am Tag drauf fühlte ich beim Aufwachen Halsschmerzen. Eine Weile und einen Brechanfall später, stellte sich heraus, dass es sich um eine meiner üblichen Eintageskotzerei-Attacken handelte – weswegen Liv überpünktlich und supereilig das Haus verließ.

  115

So geht der Tag also vorbei, indem ich im Bett liege, immer zwischen Wachsein, Übelkeit und Schlafen hin- und herpendle und Mama mir quasi von der Tür aus Salzstangen und Fencheltee ins Bett schmeißt. Seit wir vor Jahren mal alle drei gleichzeitig Magen-Darm-Grippe hatten und immer abwechselnd vor dem Klo geschlafen haben und erst nach mehreren Tagen überhaupt in der Lage waren, festzustellen, dass wir zum Glück alle noch lebten, ist bei uns schon das kleinste Miniunwohlsein ein Grund dafür, eine Diskussion anzufangen, wem man die kranke Person aufs Auge drücken könnte oder ob sie allein zurechtkommt, während man selbst ins Hotel zieht. Ernsthaft!

Irgendwann bin ich aber wieder fit genug, um aufzustehen und kann es kaum erwarten ›mit dem Hund rauszugehen‹.

Und jetzt verrate ich dir, was meine Mutter dazu gesagt hat.

Sie so: »Da kannst du mal sehen, die ganze Arbeit mit dem Tier ist an mir hängen geblieben, als du krank warst. Futter, Tierarzt, Gassi gehen, Hundeschule, Beschäftigung, Fellpflege, Training, Erziehung. Ich war rund um die Uhr nur mit dem Hund beschäftigt, echt anstrengend! Aber ich habe ihm, im Gegensatz zu dir, in der Zeit wenigstens

 116

was beigebracht. Lutz, mach Sitz«, sagt sie mit erhobenem Zeigefinger und starrt neben sich. »Fein gemacht, Braver«, fügt sie nach einem Moment hinzu und grinst mich Beifall heischend an.

Da bekomme ich einen so brutalen Lachanfall, dass ich noch bis zur Schule an meinem Schluckauf herumdoktere.

Doch der vergeht mir schlagartig, als ich vor dem Mitteilungsbrett stehe und den Post abnehmen will.

Wie üblich überfliege ich vorher die Kommentare, lese ein paar quer und freue mich drauf, mich auf dem Heimweg ganz genüsslich durchzuschmökern. Diesmal sind eine Menge mehr zusammengekommen, meine Followerzahlen steigen also.

Doch bereits beim Scannen gerät mein Gehirn in eine Art wachsamen Alarmzustand: HIER STIMMT DOCH WAS NICHT!

Ich rupfe die Folie von der Wand, vergesse meinen Hund und laufe lesend los.

Das gibt's doch wohl nicht! Ist mein Beitrag dieses Mal irgendwie schlechter als jene zuvor?

Das finden anscheinend einige, denn unter den üblichen wohlwollenden und schönen Kommentaren findet sich ein ganzer Block von diesen:

 117

Max: Was für'n Scheiß!

Schulhof: interessiert doch keine Sau

Cocacola: geh zurück in Kindergarten! Da kannste basteln!

Leonie123: wär mir so was von peinlich!

Emma: kein Wunder, dass du anonym bleibst, wär mir auch oberkrass peinlich!

Kathii: mimimi!!! Laber, langweil, hast du sonst nix zu tun?

Tintenkiller: wie hart dumm im Kopf muss man sein, um son Schwachsinn zu produziern.

Ich sehe auf, gerade noch rechtzeitig, beinahe wäre ich gegen ein geparktes Auto gelaufen. Mein Herz schlägt mir bis zum Hals. Da nutzt auch der supersüße Kommentar ganz unten nichts, den jemand extra mit rotem Folienstift hingeschrieben hat:

MISS X, NIMM DIR DEN BULLSHIT VON DIESEN SCHWACHMATEN BLOβ NICHT ZU HERZEN, KONZEN-TRIER DICH AUF DIE LIKES, DENN DU BIST SUPER !!!!!!!!!!!!!!!!!!! ★★★★★★★★★★★★★★★★★★★★★★★★★

Ich schnappe nach Luft und versuche, einen klaren Kopf zu bekommen. Der Rotstift hat natürlich total recht. Warum rege ich mich über sieben mistige Kommentare auf, wenn achtzehn gute dastehen, mit Sternchen, Herzen, Smileys und allem Drum und Dran?

»Hm, Ludwig?«, frage ich meinen eingebildeten Hund und bin froh, dass er mir von ganz alleine gefolgt ist. Ob ich ihn in echt vor lauter Enttäuschung über die Kritik wohl auch vergessen hätte?

»Obwohl, Kritik kann man das ja nicht nennen«, erkläre ich ihm beim Weiterlaufen, und gebe das Wort bei Google ein. »Aha«, sage ich, »guck, Kritik ist nämlich ›die Beurtei-

 119

lung eines Gegenstandes oder einer Handlung anhand von Maßstäben‹. Was ist bitte schön der Maßstab für Peinlichkeit oder Scheiß oder Schwachsinn? Das sind bloß dumme Beleidigungen. Genau. Und die nehme ich mir jetzt einfach echt nicht zu Herzen.«

Ich rolle den Post kurzerhand zusammen, binde einen Haargummi drum und stecke ihn in meine Umhängetasche.

Missmutig komme ich zu Hause an.

Wirklich, ich habe versucht, mein Herz zu versteinern und mir gut zuzureden, aber je näher ich meinem Zimmer komme, desto stärker wird mein Gefühl, dass ich am liebsten heulen würde.

Obwohl ich Lust hätte, die Tür laut hinter mir zuzuknallen, schließe ich sie leise, um für eine Weile meine Ruhe zu haben. Ich kann ja niemandem erklären, warum ich so schlecht drauf bin. Und ich kenne Mama, sie bohrt so lang, bis ich restlos alles ausspucke …

Ich pelle mich also wie üblich aus meinen Klamotten, werfe mich aufs Bett und vertiefe mich schniefend in mein Handy, als wenig später Liv reinkommt und mich nach einem Radiergummi fragt.

»Äh«, sage ich und sehe sie verständnislos an.

Liv ist schließlich diejenige mit der Radiergummisammlung. Sie hat sogar welche, die duften.

»Ja, weißt du doch, meine sind mir zu schade zum Benutzen«, sagt sie und sieht sich auf meinem Schreibtisch um.

»Keine Ahnung«, raunze ich, »such halt …«

Liv verschränkt die Arme und lehnt sich an den Tisch.

»Weißt du noch, als ich in die neue Ballettschule kam? Da waren diese drei blöden Tussen, die meinten, sie müssten immer kichern und hämisch grinsen, bloß weil ich noch nie ein Piqué gemacht habe und mir beim ersten Mal von den Chaînés so schwindlig geworden ist, dass ich mich beinahe auf die Fresse gelegt hätte? Und Frau Mercier so: O-livia, isch abe nischt gesehen, dass du die Pünkt an dör Wand fixiert ast. O-livia, immör die Pünkt anschauen. Augön feste auf die Pünkt!«

»Echt?« Ich sehe auf. »Nee, weiß ich nicht mehr.«

»Ist ja auch egal«, Liv macht ein Plié. »Aber habe ich deswegen aufgehört mit dem Tanzen? Hm, Milda?«, schiebt Liv nach, als ich nicht antworte.

»Hä?«, schnauze ich. »Was soll das denn jetzt? Ich hab schlechte Laune. Geh raus!«

»Hab ich aufgehört?«, lässt Liv nicht locker. »Wegen drei blöden Trampeltieren? Jetzt sag halt!«

»Nein, hast du nicht, wäre ja auch bescheuert gewesen«, rufe ich. Allmählich macht mich dieses Gespräch noch wütender, als ich sowieso schon bin.

»Gut.« Liv öffnet mein Stiftemäppchen und nimmt sich den Radiergummi heraus. »Vielleicht denkste da mal drüber nach«, sagt sie und geht raus.

»Boah ey, echt, danke für das Gespräch«, maule ich. »Die Ausleihfrist beträgt übrigens nur eine Stunde!«, brülle ich ihr hinterher.

»Alles klar«, ruft Liv friedlich zurück. »In Ordnung. Kriegst ihn gleich wieder.«

Ich schnaube. Manchmal macht mich Livs Gelassenheit ganz kribbelig. Wie kann man nur so ein grundgechillter Mensch sein?

Ich stehe auf und schleiche ein wenig unschlüssig im Haus herum. Lass mir von Mama die Stirn fühlen und Grießbrei kochen, schreibe mit Polina hin und her und erledige ein paar verpasste Hausaufgaben.

Und dann, ja dann, irgendwann, ist der Entschluss gefasst und ich lege ein schönes, frisches, neues, quietschgelbes Blatt Papier in den Drucker.

»Liv?«, rufe ich zu meiner Schwester hinüber. »Was ist denn aus den drei Kamelen vom Ballett geworden?«

»Sind irgendwann von Frau Mercier in die Wüste geschickt worden«, antwortet sie und bekommt einen Kicheranfall.

Zufrieden klappe ich den Laptop auf.

»Hier kommt eure Wüste! Euch zeig ich's nämlich«, flüstere ich und beginne zu tippen.

Ich will's mir gar nicht ansehen ...

Übers Wochenende habe ich genug Zeit, immer wieder an meinem Text zu arbeiten. Jedes Mal wenn ich mich dransetze, ist mir erst ein wenig mulmig zumute, doch dieses Gefühl wird immer schwächer, je öfter ich an den Sätzen schleife.

Vor Spannung lasse ich den Drucker nicht eine Sekunde aus den Augen, bis er mühsam endlich das gelbe Blatt Papier ausgespuckt hat:

WE ARE FAMILY!

Herzlich willkommen bei

K L A R T E X T by Miss X

Euer Pinboard-Channel über
„DAS LEBEN ALS TEENAGER"

KLARTEXT: Jedes Baby wird von einer Frau zur Welt gebracht. Das steht so dermaßen fest wie nur was und bildet die Ausgangslage. In der überwiegenden Mehrzahl der Fälle bleibt die Frau auch die Mutter des Babys und allermeistens gibt es dazu noch den passenden Daddy.

Doch es kann auch anders laufen, denn Familien sind bunt: Wir Kinder können auf dieser Welt in den **UNTERSCHIEDLICHSTEN KONSTELLATIONEN** aufwachsen.

Es gibt nicht nur die klassische Kleinfamilie, sondern auch: Großfamilien, Adoption, Leihmutterschaft, Einelternfamilien, Regenbogenfamilien, Pflegefamilien, Alleinerziehende, Patchworkfamilien, soziale Elternschaft, Co-Elternschaft, Herkunfts- und Wahlfamilien und wahrscheinlich noch einige, die ich vergessen habe aufzuzählen oder von denen ich noch nie gehört habe. Trotzdem, wow, das sind wirklich ganz schön viele Familienmodelle. Aber worauf es bei allen ankommt, ist, dass wir Kinder **BEZUGSPERSONEN** haben, auf die wir uns verlassen können und die uns durchs Leben begleiten. Und vor allem, dass wir *GANZ DOLL GELIEBT WERDEN* ...

Jetzt seid ihr dran:

WAS BEDEUTET FAMILIE FÜR EUCH?

Schreibt eure Erfahrungen, Wünsche und Ideen in die Kommentare, ich bin gespannt!

See you, eure Miss X

Und mein heutiger DIY-Tipp:

Dein Waffeleisen kann viel mehr als nur langweilige Waffeln! Du kannst damit nämlich auch Spiegeleier, Gemüsescheiben, Omelett, Kartoffelpuffer, Frikadellen oder Veggie-Pattys zubereiten und sogar Pizza aufwärmen.

WAFFELEISEN-SANDWICHES	WAFFELEISEN-SANDWICHES	WAFFELEISEN-SANDWICHES	WAFFELEISEN-SANDWICHES
1 Scheibe Toast z. B. belegen mit: Tomate, Schinken, Salami, Käse, Gurke, Nutella, Erdnussbutter, Marshmallow, Mandelcreme 2. Scheibe drauflegen, Waffeleisen schließen, knusprig backen, diagonal durchschneiden, genießen!	1 Scheibe Toast z. B. belegen mit: Tomate, Schinken, Salami, Käse, Gurke, Nutella, Erdnussbutter, Marshmallow, Mandelcreme 2. Scheibe drauflegen, Waffeleisen schließen, knusprig backen, diagonal durchschneiden, genießen!	1 Scheibe Toast z. B. belegen mit: Tomate, Schinken, Salami, Käse, Gurke, Nutella, Erdnussbutter, Marshmallow, Mandelcreme 2. Scheibe drauflegen, Waffeleisen schließen, knusprig backen, diagonal durchschneiden, genießen!	1 Scheibe Toast z. B. belegen mit: Tomate, Schinken, Salami, Käse, Gurke, Nutella, Erdnussbutter, Marshmallow, Mandelcreme 2. Scheibe drauflegen, Waffeleisen schließen, knusprig backen, diagonal durchschneiden, genießen!

Ich schweiße den Beitrag ein und fühle mich gut dabei. Zum Thema Familie kann jeder was sagen, weil jeder irgendwie eine hat, und ein Waffeleisen gehört zur Grundausstattung einer solchen sowieso mit dazu. Ich kann mir also kaum vorstellen, dass die blöden Hater sich wieder auslassen werden. Meiner Meinung nach gibt es echt keinen vernünftigen Grund.

Kneif, piks, stichel, meldet sich mein Kopf, sie brauchen gar keinen Grund, hast du doch gesehen!

»Stopp«, sage ich laut und bestimmt zu meinen Gedanken und mache mich mal wieder mit Ludwig auf zur Abendrunde.

»Alta, hast du gesehen, was da bei Miss X abgeht?«, empfängt mich Polly am Montag, als ich in letzter Sekunde ins Klassenzimmer hetze, weil Mamas Wecker nicht geklingelt hat. Das tut er random einmal im Jahr und mir bleiben dann in der Regel zwanzig Minuten zwischen »Matziwachaufschnellmein Weckerhatnichtgeklingelt« und »Wieseidihrmitden Hausaufgabenklargekommen?«.

Ich schüttle den Kopf und halte meinen Blick starr nach unten gerichtet, da ich mich ultraunwohl fühle. Noch ultraunwohler hätte ich mich allerdings gefühlt, wenn ich zu spät

gekommen wäre, aber jetzt, wo es noch geklappt hat, fühle ich mich umso ultraunwohler, weil ich aussehe, wie ich aussehe – straight out of bed nämlich und zwar buchstäblich und nicht instamäßig drei Stunden lang sorgfältig strubbelig gestylt. Meine Haare sind nicht gekämmt, meine Brille ungeputzt, meine Klamotten passen übelst schlecht zusammen und gerade spüre ich im Augenwinkel auch noch etwas Schlafsand. Super, klar, danke, Hauptsache, ich muss nachts mein Handy runterfahren, weil irgendwelche Strahlen mein Gehirn schädigen könnten und einen saublöden Batteriewecker benutzen, den man einfach nicht Piepsen hört.

Ich sage »Hrmp« oder etwas Ähnliches und wische unauffällig in meinem Gesicht herum.

»Echt, ist krass«, plappert Polina weiter. »Voll schönes Thema eigentlich. Ich wollte was draufschreiben, weil meine Oma ja so weit weg in Russland wohnt und ich, als ich noch klein war, doch immer dachte, unsere Nachbarin wäre meine echte Oma und irgendwie ist sie es für mich bis heute geblieben. Also jedenfalls sind da echt üble Sachen draufgeschmiert. Mir tut das voll leid, für die Dings, muss scheiße sein, wenn man das dann sieht.«

»Na ja«, mischt sich Tamara ein, »wer austeilt, muss auch einstecken können.«

»Das ist ja mal wieder voll die Tamara-Logik«, sagt Jan. »Die teilt doch gar nicht aus.«

»Aber sie provoziert halt voll mit ihrer Meinung«, lässt sich Tamara nicht reinreden.

»Nee, sie HAT nur 'ne Meinung«, sagt Polina. »Da besteht ja wohl ein Untersch…«

»Ist doch total egal«, unterbricht sie Tamara, »wenn sie ihre Meinung einfach so raushaut, muss sie halt damit rechnen, dass andere ihre Meinung auch einfach raushauen. Ich weiß gar nicht, weshalb du dich so aufregst.« Da hält Tamara plötzlich inne, sich zum hundertsten Mal ihren Pferdeschwanz neu zu machen und starrt Polina misstrauisch an. Dann lacht sie laut auf.

»Jetzt weiß ich!«, ruft sie. »Bist du das etwa? He, Leute, ich glaub, Polina ist das mit dem …«

»Nein!«, ruft Polina und schüttelt so empört den Kopf, dass selbst Tamara davon überzeugt ist, dass Polina die Wahrheit sagt.

»Ich bin doch nicht bescheuert«, schimpft Polina. »Ich find's zwar toll, aber das wär mir echt zu stressig.«

»Sag ich ja«, meint Tamara und endlich betritt der verspätete Lehrer das Klassenzimmer und erlöst mich als Zuhörerin aus diesem ganz und gar furchtbaren Gespräch.

Als der Unterricht losgeht, nehme ich als Erstes meine Brille ab und putze sie ausführlich. Ohne bin ich nämlich blind wie nochwas und gerade tut es ganz gut, die Welt um mich herum nur verschwommen sehen zu können und einen winzigen Moment allein für mich zu haben.

»Komm, wollen wir gucken gehen?«, fragt Polina als es zur großen Pause klingelt und da ich sowieso weiß, was sie meint und es auch leider nicht regnet, wenn man es mal braucht, sondern strahlendster Sonnenschein herrscht, muss ich es wohl hinter mich bringen.

Ich zucke also lässig mit den Schultern – und schleiche so bedrückt neben ihr her, als würde ich gleich eine Strafe kriegen oder erfahren, dass ich von der Schule fliege. Vor lauter Unwohlsein muss ich plötzlich wie verrückt aufs Klo.

»Okay, ich warte auf dich«, sagt Polina und rutscht geduldig mit dem Rücken die Wand vor der Mädchentoilette hinunter und beginnt an ihren himmelblau lackierten Fingernägeln rumzupulen.

Ich hab Polly wirklich sehr lieb, aber im Moment wäre ich tatsächlich am liebsten weit weg von ihr und allem. Ich weiß schon, dass meine Angst vor der Wahrheit idiotisch ist, denn was soll schon passieren, aber ich kann nichts dafür, dass mein Körper tut, was er tut. Es ist ungefähr

dasselbe Gefühl, als wenn wir eine Klassenarbeit zurückbekommen, nur zehnmal schlimmer.

Ich ziehe mindestens fünf Meter Klopapier von der Rolle und pflastere die WC-Brille damit, bevor ich mich setze. Ich hasse es, in der Schule Groß zu müssen, aber jetzt gerade ging es echt nicht anders. Als ich fertig bin, bemerke ich, dass ich es mit dem Anti-Schmutzpapier wohl übertrieben habe und nur noch wenige Blatt auf der Rolle übrig sind.

Auch das noch!!! Was mache ich denn jetzt? Ich sehe mich panisch um und entdecke eine Ersatzrolle ganz hinten in der Ecke unter dem Spülkasten. Schmutz und Haare hängen an der halb aufgeweichten Rolle.

»Oh Gott wie eklig«, stöhne ich.

Mit spitzen Fingern zupfe ich so viele schmuddelige Lagen Papier ab, bis ich endlich ins saubere Innere der Rolle vorgedrungen bin. Zum Schluss ist ein so großer Berg Papier in der Toilettenschüssel, dass ich schon vor dem Spülen weiß, dass das niemals runtergehen kann. Ich drücke trotzdem auf den Spülknopf.

»So eine Scheiße, war ja klar …«, fluche ich und beobachte, wie der Wasserpegel immer weiter ansteigt und nur wenige Millimeter vor dem Überlaufen zum Stehen kommt.

Fluchtartig verlasse ich die Kabine, wasche mir die Hände, pumpe so viel Desinfektionsmittel wie nur geht aus dem Spender und stürze aus der Toilette.

Polina rappelt sich auf. »Das hat ja gedauert«, sagt sie.

»Du willst nicht wissen, warum«, murmele ich und schlage den Weg Richtung Klassenzimmer ein.

»He, warte, wir wollten doch …«, protestiert Polina, als uns auch schon die Pausenaufsicht entdeckt und nach draußen wedelt.

Ich bin Miss X!

Nun stehe ich also doch noch vor dem Board und tue mal wieder so unbeteiligt wie möglich, während Polina mir einen Hammer nach dem anderen um die Ohren haut.

»Oder der hier«, höre ich sie sagen, während ich fieberhaft versuche, nur die Kommentare mit den Sternchen zu lesen.

»Warte, Achtung. Fakenews schreibt: LMAO, Looser. Laughing my ass off?« Polina schüttelt den Kopf.

»Echt ey«, presse ich hervor.

»Oder das hier. Sina13: Geh doch mit deinen Puppen spielen, Kleinkind. Oder … Maja: du bist safe hobbylos! Oder Moment, der ist ja krass«, Polina tippt auf die Folie. »xyz123: kann es sein, dass du voll die kaputte Familie hast? Heul, wo ist mein Daddy, heul! Also das find ich

 132

schon richtig persönlich«, regt sich Polina auf und dreht sich zu mir um. »Das kann man doch nicht bringen, oder? Pure Spekulation. Und auch noch so ... so ... kränkend. Oder?« Polina sieht mich fragend an. Dann runzelt sie die Stirn. »Matti?«, fragt sie besorgt und blickt um sich, als wolle sie sichergehen, dass auch andere bemerken, was ihr gerade aufgefallen ist. Doch der Schulhof hat sich geleert, die Klingel ertönt gerade schon zum zweiten Mal. »Du weinst ja«, stellt sie fest.

Ich schüttle den Kopf und merke erst dabei, dass Polina recht hat. Ohne dass es mir bewusst war, laufen mir Tränen über die Wangen.

»He?« Polina legt ihren Arm um mich. »He? Was ist denn los? Hallo? Sag was! Komm, wir setzen uns mal hin«, sagt sie und zieht mich zu den Baumstämmen.

»Nee, wir müssen rein«, kann ich gerade noch hervorpressen, bevor ich richtig losheulen muss.

Polina winkt ab. »Wir haben doch nur Kunst, die Krautmann merkt gar nicht, dass wir nicht da sind.« Als wir sitzen, legt sie wieder den Arm um meine Schultern und reicht mir ein Taschentuch. »Ist noch frisch, hab vorhin nur mal kurz ’ne Wimper ...«

Ich putze mir die Nase und weine weiter.

»Isjagut, isjagut«, singsangt Polina. »Du bleibst jetzt hier schön sitzen und ich bin gleich wieder da, versprochen!«

Ich nicke brav, Polina flitzt davon.

Keine Ahnung, was sie vorhat, es ist mir aber auch irgendwie total egal. Im Moment ist in mir nur das allerübelste Gefühl der Welt. Ich kann mir gar nicht erklären, warum mich diese verfluchten Kommentare so fertigmachen. Ich meine, ich weiß doch, wie so was läuft! Jemand denkt sich aus Eifersucht so was aus. Oder aus Freude daran, fies sein zu können, ohne dass man ihm auf die Schliche kommt, lauter solche Sachen.

Aber andererseits … was, wenn es wirklich wahr ist und ich echt irgendwie gestört bin, weil ich diese Idee hatte? Ein klitzekleines Fünkchen Wahrheit wird schon drinstecken, oder nicht? Ich meine, dass ich keinen Vater habe, stimmt ja sogar!

Ich komme nicht weiter mit meinen wirbelnden Gedanken, denn ich bemerke, wie Polina mit unseren Schulrucksäcken und Liv und Noah im Schlepptau über den Hof kommt.

»Matzi?«, ruft Liv im Rennen.

Als sie sich neben mich auf die Stämme gesetzt hat, drücke ich mich weinend an sie. Ich weiß zwar schon in die-

sem Moment, dass mir mein gesamter Anfall in spätestens zehn Minuten so dermaßen peinlich sein wird, dass ich Wochen mit dem Entpeinlichen verbringen werde, aber jetzt gerade kann ich einfach nicht anders. Es tut so gut, Liv bei mir zu haben.

»Jo, jo, jo«, murmelt Liv und streichelt mir über die Haare.

»Also wir müssen heute nicht mehr in die Schule, ich soll dich nach Hause bringen, hab ich mit Frau Krautmann so abgesprochen«, erklärt Polina und hört sich sehr zufrieden an. »Und deine Schwester und äh … den … hab ich im Aquarium entdeckt«, fügt sie hinzu und meint damit das Oberstufenzimmer mit den großen Glaswänden.

»Noah«, sagt Noah.

»Also …«, Liv klopft mir ein paarmal beruhigend auf den Rücken. »Jetzt sag aber mal, was los ist. Du blutest ja überhaupt nirgendwo.«

»Ne, natürlich nicht«, ruft Polina empört. »Dann hätte ich doch den Schüler-Sanitätsdienst gerufen. Es ist mehr so 'n Nervenzusammenbruch.«

»Aha«, sagt Liv und hält mich auf Armeslänge von sich. »Red mal, sonst geh ich wieder rein«, sagt sie.

Und ich kenne Liv, wenn ich für ihren Geschmack zu

lang ›einen auf Baby‹ mache, wird sie ungeduldig. Ja, das fällt mir gerade erst auf, das ist tatsächlich etwas, womit man selbst Liv ungeduldig machen kann …

Ich sehe auf und blicke in die fragenden Gesichter von Liv, Polina und Noah. Es hilft ja alles nichts, ich bin ihnen wirklich eine Antwort schuldig. Was soll's, aus der Nummer komme ich sowieso nicht mehr raus, dann muss es eben jetzt die Wahrheit sein. Ich hole tief Luft, zähle innerlich auf drei und sage dann:

»Ich bin Miss X.«

…

Sagen wir so: Die Reaktionen fallen unterschiedlicher aus, als ich es erwartet hatte.

Polina kreischt: »WHAT?«

Noah fragt: »Wer?«

Liv sagt: »Erzähl mir was Neues.«

Ich frage: »Echt?« Und Liv nickt.

»Mann Milda, ich bin doch nicht doof. Die Hälfte der englischen Wörter, die in deinen Beiträgen stehen, habe ich dir übersetzt. Und was glaubst du, wer die immer geschrieben hat?« Sie springt auf und dongst mit dem Zeigefinger auf den letzten, in rot geschriebenen Kommentar und liest ihn laut vor: »Wer so dämliche Kommentare

schreibt, sollte sich schämen! Als ob Miss X eure kranke Meinung interessiert, fünfzig Ausrufezeichen.«

»Ach jetzt verstehe ich …«, sagt Noah.

»Ist ja krass«, sagt Polina und sieht irgendwie unentschlossen aus.

Ich weiß genau, was sie denkt.

»Polly, ehrlich, ich wollt's dir ja sagen«, heule ich, »aber ich hab's halt keinem gesagt. Nicht mal …« Doch da winkt Polina ab.

»Verstehe ich doch, kein Problem. Gott du Arme. Und ich sag auch noch zu dir, dass mir das zu stressig wär und so Zeug. Tut mir total leid.«

Ich schniefe und Noah räuspert sich.

»Also«, sagt er und grinst. »Wenn ich das meiner Schwester erzähle. Dass ich Miss X kenne. Sie flippt total aus. Ich glaube, sie ist dein größter Fan. Sie redet von nichts anderem und will so was auch machen. Sorry, ich hab's eben echt nicht kapiert …«

Liv kichert. »Aber bevor Matzi anfängt Autogramme zu geben, müssen wir das jetzt erst mal alles klären. Ich schlage vor, wir gehen zu uns. Ich hab eh Hunger. Oder?«

Sie sieht uns an und Polina klatscht in die Hände.

»Perfekt«, sagt sie und reicht mir den Rucksack. »Habt

ihr Cornflakes? Ich darf zu Hause keine essen, weil die so 'n Krach machen beim Kauen. Meine Mutter hasst das.«

Ich rolle heimlich mit den Augen und für einen kurzen Augenblick kommt mir mein Influencer-Problem dagegen echt mickrig klein vor.

Laute Gespräche

Als wir zu Hause sind, stehen Polly und Noah uns etwas betreten im Weg herum, während Liv eine Kanne Mango-Tee kocht, Geschirr auf den Tisch stellt und ich in der Speisekammer die lautesten Lebensmittel zusammensuche, die wir haben.

Wenig später sitzen wir um den rosa Küchentisch und knuspern uns durch Cornflakes, Cracker, Zwieback und Knäckebrot. Und schon nach den ersten Bissen zieht Liv ihr Handy aus der Tasche, tippt etwas ein und beschallt uns mit dem passenden *Jennifer Lopez* Song, *Let's get loud*!, was uns so zum Lachen bringt, dass es mir schon fast wieder komplett gut geht.

»Okay«, will Liv das Wort ergreifen, während sie versucht, die harte Kühlschrankbutter auf ihrem Knäckebrot zu verteilen, das dabei in zig Stücke zerbricht, was uns gleich noch mal losprusten lässt. »Okay«, sagt sie grinsend, »wie lösen wir jetzt das Problem?«

»Also, dass DU Miss X bist«, sagt Polina wohl schon zum hundertsten Mal.

»Jedenfalls gehen solche Kommentare überhaupt nicht«, sagt Noah. »Kein Wunder, dass dich das getroffen hat.«

»Finde ich auch«, bestätigen Liv und Polina im Chor und ich bin wirklich froh, dass sie das genauso sehen und mich nicht als ›empfindlich‹ oder ›selbst schuld‹ dastehen lassen.

»Ist vermutlich aber fake«, sagt Noah. »Also falls dir das irgendwie hilft. Sowohl was den Inhalt der Kommentare als auch die Urheber betrifft. Schätze ich mal.«

Plötzlich ist es still am Tisch.

»Wie meinst du das?«, fragt Liv.

Noah stellt seinen Teebecher ab. »Zum einen sind die Kommentare inhaltlich ja völlig aus der Luft gegriffen. Keine wirkliche Kritik, nur Schmähungen und Beleidigungen. Und zum anderen heben sie sich deutlich von den übrigen Kommentaren ab. Wir haben eigentlich nur zwei Sorten von Beiträgen oder Meinungen: Die einen,

die wirklich auf Mathildas Beitrag eingehen und ihn dann bewerten. Davon sind quasi 99% positiv und der Rest hat halt einfach eine andere Meinung, mehr nicht. Und auf der anderen Seite haben wir diejenigen, die einfach nur haten. Rein um des Hatens willen. Deswegen glaube ich, dass sich dahinter keine echten Schülermeinungen verbergen. Da steckt eine Einzelperson dahinter. Oder Freundinnen oder Kumpels oder so. Die denken sich den Mist aus und fühlen sich dann obercool.«

»Genau«, bestätigt Liv und pustet auf ihren Tee, während Polina sich nickend bereits die dritte Portion Cornflakes hineinschaufelt.

»Aber ich bin doch auch selbst schuld, ich müsste mir das doch nicht so zu Herzen nehmen«, werfe ich ein. »Es kennt mich ja niemand. Im Internet treffen solche Aussagen ja auf echte Menschen, aber es weiß ja niemand, dass ich …«

»Aber ist halt so«, unterbricht mich Liv. »Manchen wäre das total egal, die würden nur drüber lachen oder Mitleid mit dem Schreiber haben und manche haben halt 'n Herz im Körper und die trifft es dann.«

»Ja«, sagt Noah. »Und es ist immer noch mal was anderes, wenn man wirklich betroffen ist. Wenn man un-

umstößlich derjenige ist, auf den es die Hater abgesehen haben, ob sie dich nun kennen oder nicht.«

Ich schlucke die aufsteigenden Tränen runter und sage: »Dann höre ich halt einfach damit auf und fertig.«

»Nein!«, protestieren Liv, Polina und Noah.

»Ja, was denn dann?«, frage ich.

»Du wirst dich doch davon nicht unterkriegen lassen«, schimpft Liv und blitzt mich wütend an. »Dann hätten sie doch genau das erreicht, was sie wollten, Mann!«

»Is ja gut, ich wollt's ja auch nur vorschlagen«, murmele ich.

»Mann!«, schnaubt Liv noch mal.

»Eben«, bestätigt Noah. »Herabwürdigen und beleidigen, unbehelligt im Schutz der Anonymität, das geht mir im Internet schon so auf die Nerven. Und dann immer diese Berufung auf ›freie Meinungsäußerung‹. Mobbing ist keine Meinung! Genauso wenig wie Schwulenfeindlichkeit, Fremdenhass oder Rassismus und noch vieles mehr im Übrigen.«

»Du wärst voll der gute Schülersprecher«, haucht Polina beeindruckt und Liv rückt noch ein Stückchen näher an ihn heran. Zwischen die beiden passt inzwischen kein Blatt Papier mehr.

»Ich weiß, was wir machen«, sagt Liv und senkt dabei die Stimme. »Wir stellen ihm eine Falle. Oder ihr. Oder ihnen.«

»Gute Idee«, wispert Polina zurück. »Wie im Film.«

Ich sehe von einem zum anderen, doch sie scheinen es wirklich genauso zu meinen, auch Noah.

»Ernsthaft?«, frage ich und alle nicken.

»Soll ich euch was sagen? Ich kann mir eh schon vorstellen, wer das ist«, sagt Polina. »Tamara. Aus unserer Klasse. So oft, wie die schon lauthals darüber hergezogen hat! Dass sie es albern und kindisch und peinlich findet und so weiter. Original wie in den Kommentaren, nur halt nicht ganz so krass. Das wär total typisch für sie.«

»Wann könnte sie das alles denn geschrieben haben?«, fragt Noah. »Wenn mehrere vor der Pinnwand stehen, kriegt man ja mit, wer vor einem dran war und etwas eingetragen hat …«

»Früh morgens«, antworte ich wie aus der Pistole geschossen. »Ich hänge die Posts ja abends auf, wenn ich mit Lud… äh, dem Hund … also wenn ich … also ich hänge sie halt abends auf. Und Tamara wohnt in … weißgradnicht, sie kommt morgens mit dem Zug.«

»Ah!«, ruft Polina. »Siehst du, das passt. Die Zugkinder

 143

kommen doch immer viel früher an, da hätte sie genug Zeit ...«

»Perfekt«, Liv angelt nach einer weiteren Scheibe Knäckebrot. »Dann lauern wir ihr auf. Du hängst einen neuen Beitrag auf und wir verstecken uns morgen früh ...«

»... hinter dem Felsen, mit der Büste vom *Rilke*«, schlägt Noah vor. Das ist der Dichter, nach dem unsere Schule benannt ist. »Um sieben Uhr fünfzehn.«

»Pfoah, früh!«, entfährt es Liv und ich muss ihr einen echt fassungslosen Blick zugeworfen haben, denn sie sagt sofort: »Nein, keine Sorge, klar, bin ich dabei.«

Und dann reden wir noch eine ganze Weile darüber, was wir sagen und tun werden, wenn wir den oder die Täter auf frischer Tat ertappt haben. Doch weil wir uns irgendwie auf keine Strategie einigen können, beschließen wir, alles Weitere spontan in der Situation zu entscheiden.

Später, beim Schreiben meines Fallen-Beitrags, habe ich die ganze Zeit Tamara vor Augen und brauche bestimmt eine Stunde, bis mir klar wird, dass ich mit dieser Haltung keinen einzigen vernünftigen Satz zustande bekomme. Und ich will ja auf keinen Fall riskieren, dass man plötzlich

wahrhaft Grund dazu hat, irgendwas an meinen Beiträgen auszusetzen.

Also zwinge ich mich, mir vorzustellen, dass ich den Text für Noahs Schwester Amelie schreibe, einem echten, total lieben Fan, wie ich ja jetzt weiß.

Und das funktioniert tatsächlich, ich spüre förmlich, wie mein Herz plötzlich leichter wird.

Von Verdächtigen und
falschen Verdächtigungen

Der nächste Morgen läuft zunächst völlig reibungslos an.

Am Abend hatte Mama zum Glück Migräne … Nein anders: Am Abend hatte Mama leider, aber irgendwie passenderweise Migräne, sodass sie ohne auch nur einen Pieps an Diskussion und Fragerei damit einverstanden war, dass wir am nächsten Tag alleine aufstehen, damit sie ausschlafen und sich erholen kann.

Ich habe Liv mit einer halben Stunde Puffer und einer Tasse Kakao geweckt, damit sie ihren morgendlichen ›Mir ist schlecht, weil ich noch nichts gegessen habe‹-Modus sofort überspringen konnte. Außerdem habe ich ihr ein sorgfältig eingewickeltes Pausenbrot zubereitet, was sie dann aber gleich zum Frühstück gegessen hat. Wir haben

 146

es schließlich sogar geschafft, zwei Minuten VOR der verabredeten Losfahrzeit (das bedeutet: auf dem Fahrrad sitzend, wie ich Liv sicherheitshalber erklärt habe) zu starten.

Im gähnend leeren Fahrradkeller treffen wir auf Polina, die gerade ihr Rad abschließt, und während wir dasselbe tun, kommt auch Noah an. Polly und ich lassen den beiden zwei Sekunden Privatsphäre, bevor ich (einigermaßen zu laut, aber wer ahnt schon, dass ein normales Rufen in einem Betonkeller so hallt) darauf hinweise, dass nun genug geknutscht sei und wir ja schließlich eine Mission zu erfüllen hätten.

»Gangsta am Start«, fügt Polina hinzu und dann gehen wir los.

Der Rilke-Felsen steht einfach perfekt, um das Schulgebäude und die SchüPiWa aus dem Verborgenen heraus im Blick zu haben und wir kauern uns auf unsere Taschen.

»Aber 'nen Plan, was wir machen, wenn Tamara jetzt wirklich kommt und was draufschreibt, haben wir immer noch nicht, oder?«, frage ich in die Runde und alle schütteln den Kopf.

»Wir stellen sie einfach zur Rede«, schlägt Noah vor. »Oder hattet ihr daran gedacht, sie zu verhauen?«, setzt er

 147

hinzu und klingt dabei so ehrlich interessiert, dass Polly und ich einen Lachanfall bekommen.

»Schon«, kichert Polina und ich registriere aus dem Augenwinkel, wie Liv ihre helle Hand in Noahs dunkle kuschelt.

Als wir dann schweigend und ein wenig frierend den Weg entlangstarren und die ersten Schüler vom Bahnhof kommen sehen, erfasst mich zusätzlich ein so kribbeliges Spannungsgefühl, dass ich meine ›Das könnte ich niemals werden‹-Berufeliste in Gedanken sogar um sechs weitere ergänze: Polizistin, Detektivin, Stuntfrau, Soldatin, Feuerwehrfrau, Pilotin – alles viel zu aufregend für mich.

Da krallt Polina ihre Hand in meinen Oberarm.

»Daaa hiiinten isss siiie«, haucht sie. »Ich seeeeh sieee!«

Okay, zumindest Polly scheint es genau wie mir zu gehen. Mein Herz klopft so laut, wie früher beim Versteckenspielen und das will schon was heißen. Ah, Moment, professionelle Versteckspielerin könnte ich auch nicht werden.

Bewegungslos beobachten wir die kleinen Grüppchen. Tatsächlich gehen ein paar der Schüler zur Pinnwand herüber und lesen meinen Beitrag. Wir können dabei zusehen, wie manche etwas darunterschreiben und dann weiter zur Schule laufen.

Doch mein Blick ist nur auf Tamara gerichtet.

Jetzt wäre sie nah genug, um ebenfalls einen Abstecher an die Pinnwand unternehmen zu können.

»Mach schon«, wispert Liv.

»Komm zu Mami«, flüstert Polina und wenn es nicht so spannend wäre, müsste ich schon wieder lachen.

Doch Tamara kommt nicht zu Mami. Sie wirft nicht mal einen Blick auf den Post, sondern läuft, ihre Nase im Handy, langsam über den Schulhof auf die Eingangstreppe zu.

»Äh, hallo?«, sagt Polina und sieht uns enttäuscht an.

»Och menno«, meint Liv.

»War sie wohl die falsche Verdächtige.« Noah unterdrückt ein Gähnen und zieht seinen Hals tiefer in den Kragen der Jacke. »Vielleicht hatte sie aber auch einfach keine Lust auf Gehässigkeit.«

»Niemals!«, sagt Polina.

»Mist«, sage ich und vergrabe nachdenklich meine Hände in den Taschen. »Vor lauter Fixierung auf Tamara haben wir nicht drauf geachtet, wer die anderen waren, die schon was draufgeschrieben haben. Vielleicht ist uns der Täter längst entwischt!«

»Glaub ich nicht«, erwidert Noah. »Sie standen alle zu zweit oder zu dritt davor. Jeder konnte sehen, was der an-

dere kommentiert hat. Ich glaub nicht, dass sich jemand unter Beobachtung traut, so krasse Sachen zu schreiben …«

»Auch wieder wahr. Also dann erkläre ich unsere Mission leider mal als gescheitert«, sagt Liv und versucht aufzustehen, wobei sie ins Schwanken gerät und sich sogleich wieder hinsetzt. »Ups. Matti, kann ich mal von deinem Brot, mir ist ein bisschen …«

Schneller als ich überhaupt antworten kann, hat Noah schon seine Trinkflasche aus dem Rucksack geholt, hält sie Liv hin und wickelt einen Müsliriegel aus der Folie.

»So süß«, haucht Polina und krallt sich im selben Augenblick schon wieder in meinen Arm. »Guck mal, wer da kommt«, wispert sie und wir ziehen alle die Köpfe wieder ein.

Aber wen wir sehen, ist nicht etwa Tamara, die sich umentschieden hat, um doch noch ihre Gehässigkeiten zu hinterlassen, sondern zwei Schülerinnen. Sie laufen zügig vom Fahrradkeller über die Wiese und steuern zielstrebig die Mitteilungswand an.

Ich schiebe die Brille höher auf die Nase und winke dann ab.

»Ach, das sind doch nur Laura und Josefine. Aber interessant irgendwie, jetzt lerne ich meine Follower mal ken-

nen.« Ich öffne den Rucksack und reiche Liv meine Brotbox. »Aber nicht das Ganze. Nur 'n Stück.«

»Pst!«, raunt Polly und knufft mich in die Seite. »Jetzt schau doch mal, was da abgeht!«

Polina hat recht. Irgendwas ist merkwürdig. Unsere schüchternen, höflichen Klassenlieblinge und beste BFFs forever stehen zwar einfach nur lesend vor der Wand, verhalten sich dabei aber wie Comicfiguren, die versuchen, auffällig unauffällig irgendwas zu verbergen oder bei etwas nicht entdeckt zu werden. Was soll denn das?

Nun kann ich beobachten, wie Laura, nachdem sie etwas geschrieben hat, den Platz für Josefine frei macht und sich dann ebenso nervös umsieht, wie ihre Freundin nur Sekunden vor ihr. Nachdem Laura fertig ist, tauschen sie erneut die Plätze. Immer wieder halten sie beim Schreiben inne, beratschlagen sich, kichern, hibbeln nervös auf und ab und sehen sich nach allen Richtungen um, bevor sie erneut einen Kommentar hinterlassen.

»Äh …«, wispert Liv kauend und wirft uns einen fragenden Blick zu. »Worauf wartet ihr eigentlich noch? Selbst wenn sie lauter Lob hingeschrieben haben sollten, kann's ja nicht schaden, mal Hallo zu sagen, oder?«, fügt sie hinzu, als sie merkt, dass ich zögere.

»Stimmt«, sagt Polina und zieht mich mit sich hoch. »Jetzt schau'n wir mal, dann seh'n wir schon.«

»Nee, aber wir können doch nicht einfach so aus dem Nichts …«, protestiere ich, weil ich anscheinend von einer Sekunde auf die andere in eine Art ›Was machen wir hier eigentlich?‹-Modus geswitcht bin.

»Wenn's echt nette Sachen sind, musst du dich ja gar nicht outen«, hilft mir Noah auf die Sprünge. »Dann bleibt erst mal alles beim Alten, bis wir 'n neuen Plan haben.«

»Ah, stimmt, okay«, sage ich und Polina seufzt theatralisch.

»Kommst du jetzt mit, oder nicht? Gleich sind sie weg!«

Tatsächlich, Laura und Josefine greifen gerade nach ihren Schultaschen.

Da gibt mir Liv einen ziemlich kräftigen Schubs und ich stolpere hinter Polina aus dem Versteck. Kurzerhand hakt sie mich unter und steuert auf die Pinnwand zu.

»Hi guys!«, ruft sie dabei laut und winkt.

Laura und Josefine sehen auf.

Ihr Gesichtsausdruck könnte entsetzter nicht sein …

Wir sind alle ein bisschen Miss X

»Na, habt ihr kommentiert?«, plappert Polina fröhlich weiter und zerrt mich vor den Post. »Ist es wieder so genial wie immer? Wir wollten auch grad lesen …«

»Ah okay, ja«, stottert Laura, während meine Augen über die Sätze fliegen.

Kindisch, dämlich, nicht auszuhalten, hobbylos, keine Freunde, weiß deine Familie überhaupt davon …, lese ich.

OMG! Die beiden waren es tatsächlich!

»Es hat übrigens geklingelt«, sagt Josefine, dreht sich um und läuft eilig davon.

»Da … da … sind übrigens wieder voll die krassen Sachen drauf«, murmelt Laura und folgt ihrer Freundin.

Zur gleichen Erkenntnis ist auch Polina gekommen und

ich sehe ihr an, dass sie gleich explodieren wird. Mit einem so wütenden Ausdruck, wie ich ihn noch nie an ihr gesehen habe, dreht sie sich zu Laura und Josefine um und holt Luft, um ihnen etwas hinterherzubrüllen.

»Warte!«, zische ich und Polina stößt aufgebracht die Luft wieder aus.

»Warum?«, faucht sie. »Diese beiden Schlangen sollte man …«

»Ich hab 'ne viel bessere Idee, komm!« Blitzschnell reiße ich meinen Post vom Brett und laufe zum Rilke-Felsen zurück.

Liv und Noah weichen erschrocken auseinander, als wir uns wieder neben sie fallen lassen.

»Habt ihr keine Schule?«, pampen Liv und ich uns gleichzeitig entgegen.

»Zweite Stunde erst«, antwortet Noah und meine Hochachtung für Liv steigt augenblicklich ins Unermessliche.

Sie ist nicht nur früher für mich aufgestanden, sondern sogar SEHR viel früher!

»Okay, also, gut, dass ihr noch da seid. Es waren tatsächlich die beiden, und ich konnte Polly gerade noch davon abhalten, ihnen an die Gurgel zu gehen. Ich hab nämlich 'ne bessere Idee«, fange ich an zu erklären, da ich mal stark

davon ausgehe, dass Liv und Noah anderweitig beschäftigt waren und nicht weiter am Geschehen Anteil genommen haben. »Nääämlich …«, ich mache eine Kunstpause, »… wir werden sie mit ihren eigenen Waffen schlagen, wie findet ihr das?«

Liv und Noah nicken und Polina kreischt: »Ah, wie super ist das denn? Aber jetzt komm, ich hab keinen Bock auf einen Eintrag.«

Wir rappeln uns auf, rennen los und stürzen im letzten Moment hinter Frau Bock ins Klassenzimmer.

»Mündliche Verwarnung«, sagt sie streng und stellt ihre Tasche aufs Pult.

Polina und ich bleiben wie angewurzelt stehen, gucken so kulleräugig betreten wie süße Hundewelpen, die aus Versehen eine Pfütze auf den Boden gemacht haben (wobei wir vom Spurt zusätzlich auch noch ziemlich passend hecheln und knallrote Köpfe haben). ›Schnief‹, macht es, als Polly die Nase hochzieht.

»Oh, okay, drück ich halt doch noch mal ein Auge zu«, sagt Frau Bock wie erhofft und wirkt richtiggehend zerknirscht.

Tja Leute, es ist immer gut, die Schwachstellen seiner Lehrer ganz genau zu kennen!

Der Schultag gestaltet sich als ziemlich stressig, sodass Polly und ich überhaupt nicht dazu kommen, über meinen Eigene-Waffen-Plan zu sprechen. Aber vielleicht ist das auch gut so, denn der Unterricht lenkt mich ebenfalls davon ab, ständig zu Tamara (entschuldigend) und Laura und Josefine (wütende Blitze schleudernd) hinüberzusehen. Insgesamt bin ich nämlich in einer Art Ausnahmezustand. Es ist ein krasses Gefühl, sich so getäuscht zu haben. Sowohl in Tamara, der ich tatsächlich ohne auch nur eine Sekunde zu zweifeln, derart scheußliche Taten zugetraut habe (wofür ich mich echt schäme), als auch in Laura und Josefine, die alle quasi für regenbogenfarbige Glitzereinhörner halten, was im Reallife falscher nicht sein könnte – wie ich jetzt weiß. Ich kann es immer noch nicht fassen, dass ausgerechnet die liebsten, schüchternsten, höflichsten und freundlichsten Mädchen der Klasse ein Doppelleben als _____ (bitte trage hier selbst ein passendes Schimpfwort ein) führen. Ausgerechnet DIE! Wenn es wenigstens tatsächlich Tamara gewesen wäre, dann hätte alles gepasst und gestimmt, aber so fühle ich mich, als sei meine Welt irgendwie erschüttert worden. Mir ist natürlich schon klar, dass es eine ganze Weile braucht, bis man jemanden wirklich gut kennt, aber trotzdem … Mein Opa hat immer gesagt ›*Du kannz den Leuten immer nur vor'n Kopp gucken, nich rein*‹ und erst jetzt wird mir so richtig klar, was er damit gemeint hat. Aber schon krass, dass das auch für Kinder gilt!

Am Nachmittag sitzen Polina und ich in meinem Zimmer, um unseren Schlachtplan zu entwerfen. Eigentlich ist ›Schlachtplan‹ ein richtig ekliges Wort, fällt mir dabei auf, aber Polly meint, das käme von ›in die Schlacht‹ ziehen und das trifft es natürlich auch viel besser.

»Also, jetzt sag, wie meintest du das, mit den eigenen Waffen schlagen?«, fragt Polina, als Mama reinkommt.

»Hi Polina, alles klar bei dir? Braucht ihr was, ich wollte …«, Mama hebt die Stimme, »AUCH GLEICH BEI LIV MAL NACHFRAGEN …«

»Ja, alles gut, nein danke«, beantwortet Polina Mamas Frage.

»Na dann …«, sagt Mama unschlüssig.

Irgendwie tut sie mir leid. Ich kann genau nachempfinden, wie seltsam sie sich mit der Liv-Noah-Situation fühlt.

»Ach, Mama, warte …«, sage ich. »Also wenn du dir eh gerade einen Tee machst, wir würden einen nehmen, oder Polly?«

Polina nickt solidarisch und über Mamas Gesicht huscht ein Lächeln. Langsam schließt sie die Zimmertür.

»Liv-Maus?«, ruft sie draußen. »Äh, ich mache Tee, wollt ihr auch einen? Oder Kaffee?«

»Nö, danke«, erwidert Liv und Polly und ich sehen uns an.

»Sie hätte jetzt Ja sagen müssen und dann wär Mama mit dem Tee zu ihnen reingekommen und die beiden hätten ganz brav am Schreibtisch gesessen und Mama hätte gesehen, dass nix Unangenehmes vor sich geht«, erkläre ich Polina. »Und Mamas komisches Gefühl wäre besser geworden und ihr ganzes Denken wegen Freund und so viel positiver, weißt du, was ich meine?«

Polina nickt. »Klar«, sagt sie. »Völlig logisch.«

»Aber Liv denkt anders. Nicht in Kreisen, sondern mehr …«, ich muss kurz überlegen, »… geradeaus, ins Weltall rein. Und weil man da nirgends anstößt, denkt sie einfach immer weiter.«

»Ein Glück hat meine Schwester noch keinen Freund. Ist schon irgendwie strange und das selbst, obwohl Noah so nett ist«, sagt Polina. »Meine Mutter würde wahrscheinlich drauf bestehen, dass sie die Zimmertür offen lassen.«

Wir quatschen noch ein wenig, bis Mama den Tee gebracht hat, und legen dann los.

»Was ich mir überlegt habe, ist eine Art Lektion. In dem Moment, als mir klar wurde, dass diese beiden Unschuldsengel an meinem, na ja, Kummer halt, schuld waren, dachte ich mir, dass denen bestimmt nicht klar ist, was sie angerichtet haben«, erkläre ich. »Für sie ist das mehr so 'n Bad-Girl-Ding, aber es trifft ja eine echte Person, sogar jemanden von der Schule, den sie ja auch kennen könnten«, rede ich weiter. »Miss X könnte ja jede sein, selbst 'ne knuffige Fünftklässlerin, eine Referendarin oder sogar eine Lehrerin!«

»Eben! Es könnte selbst die eigene Schwester treffen, Laura hat ja eine!«, sagt Polina.

»Genau. Und das hat mich so geärgert, dass sie sich null Gedanken machen, was die Folgen sind. Dass sie nämlich jemandem richtig wehtun.«

»Und jetzt sollen sie es selbst erfahren, stimmt's?« Polina reibt sich die Hände. »Saugut. Aber wie machen wir das?«

Ich entrolle den eingeschweißten Post und prompt schüttelt es mich am ganzen Körper.

»Musst du dir mal vorstellen, sie haben verschiedene

159

Namen erfunden, nur damit sie ihren Müll unterbringen konnten«, sage ich fassungslos.

»Lies es einfach nie wieder durch«, rät Polina und nimmt mir die Rolle weg. »Und spuck deine Idee endlich aus!«

Genau das tue ich dann.

Und dieser Post ist später dabei rausgekommen:

ICH BIN MISS X !
UND DU AUCH ...

KLARTEXT: Hey Leute, nun wisst ihr also, wer hinter diesem Blog steckt.
Und fragt euch jetzt, wofür dieses Outing gut sein soll, schließlich war es doch auch irgendwie spannend, nicht zu wissen, wer, warum und weshalb jemand auf einen analogen YouTube-Kanal kam.

Ehrlich gesagt, hätte ich es auch gerne bis in alle Ewigkeiten für mich behalten, aber dann ist etwas passiert, das meine Meinung geändert hat. Vielleicht habt ihr bemerkt, dass die Kommentare zunehmend **ÄTZENDER UND BELEIDIGENDER** wurden.
Damit bin ich ziemlich schlecht klargekommen.
Nicht, weil ich keine Kritik vertrage, sondern weil ich kein Mobbing vertrage.

NIEMAND VERTRÄGT DAS.

Es verträgt auch niemand einen Shitstorm. Oder Beleidigungen, Beschimpfungen und Unterstellungen.
Mir ging es richtig **SCHLECHT** damit und ich wollte aus diesem Grund mit dem Bloggen aufhören.
Aber meine Familie und meine Freunde haben gesagt, dass ich genau das **NICHT** tun soll.
Aber ich kann nur weitermachen, wenn das mit den verletzenden Kommentaren aufhört.
Ein Opfer von **MOBBING UND SHAMING** zu werden, habe ich jetzt am eigenen Leib erfahren. Das kann jedem passieren, nicht nur im Internet oder in der Klasse, sondern selbst bei etwas, das einfach nur ein tolles Hobby ist. Und weil ich jetzt weiß, wie weh es tut, habe ich noch mehr Respekt vor diesem Thema.
Deswegen wende ich mich jetzt an die beiden Mädchen, die das getan haben.

ICH WEIß, WER IHR SEID!

Und es kann gut sein, dass ihr für euer Verhalten von der Schulleitung Schwierigkeiten bekommt. Weil ich ab jetzt mit meinem Namen und meinem Gesicht für das stehe, was ich poste, finde ich, könntet ihr ebenfalls zu euren Kommentaren stehen.

IHR KÖNNTET EUCH ABER AUCH ENTSCHULDIGEN (MEINE ADRESSE KENNT IHR).

Nur so als Tipp beim Überlegen, welche Strategie ihr wählt: Ich glaube, eure Eltern werden nicht sehr glücklich sein, wenn sie Nachricht von der Schulleitung bekommen ...

THX FÜRS LESEN!
Eure Miss Matti von KLARTEXT

Un' ich sach noch ...

Als ich das Blatt eingeschweißt habe, mache ich mich auf die Suche nach Mama. Ich finde sie, ein wenig unentschlossen vor der Kellertür stehend. Als ich auftauche, sieht sie mich erfreut an.

»Wenn ich da jetzt runtergehe, muss ich bügeln. Ich wäre also nicht abgeneigt, wenn in diesem Moment was Dringenderes anstünde«, sagt sie. »Ich soll dir doch bestimmt bei irgendwas helfen, oder Tildchen?«

»Genau deswegen habe ich dich gesucht«, sage ich. »Aber dafür müsstest du mal kurz wohin mitkommen. Also raus.«

»Gut, überredet«, sagt Mama und öffnet den Schuhschrank. »Ist auch gut gegen meine Kopfschmerzen. Ich nehme Ludwig.«

Für einen Moment bin ich unsicher, ob Mama da gerade einen Scherz auf meine Kosten gemacht hat. Doch nachdem sie in ihre Turnschuhe geschlüpft ist, schnappt sie sich Hausschlüssel und Hundeleine, ruft »Olivia, ich geh 'ne Runde mit Matti und Ludwig!« nach oben und öffnet die Haustür. »Na komm«, sagt sie mit der Hand am Knauf, »er muss dringend, gleich macht er noch auf die Türschwelle.«

Ach Mensch, ein wenig ärgerlich ist es schon, dass ich diese wunderbare Gelegenheit, mit Mama über meinen Hundewunsch zu reden, nicht nutzen kann, aber die Sache mit der Schule ist jetzt leider wichtiger.

Als wir auf dem Gehweg sind und loslaufen, bringe ich das Gespräch also auf ein anderes Thema.

»Mama, du weißt ja, dass ich eigentlich eine berühmte Influencerin werden wollte«, beginne ich, »aber du hast ja gesagt, ich darf das nicht im Internet.«

»Nee, ja, genau«, bestätigt Mama und wedelt mit der Leine. »Schön Fuß, Hund«, sagt sie.

Ich seufze leise. Denn ich durchschaue sie. Mama will, aus welchem Grund auch immer, ausgerechnet jetzt mit mir ein Haustier-Gespräch führen. Aber wozu bitte soll das gut sein? Zum Schluss kommt eh immer dasselbe raus, nämlich ein Nein und wenn ich es mir recht überlege,

könnte mir dieses Triggern auch ziemlich miese Laune machen. Ich bin doch kein Esel, der einer Karotte hinterherrennt, die er doch nie erreichen wird!

»Äh, Mama, also jetzt gib mir mal bitte die Leine«, sage ich pampiger als beabsichtigt.

»Sorry«, sagt Mama, »ich wollte doch nur einen Spaß machen …«

Aha, also doch nur Spaß! Hm …

»Egal«, winke ich ab. »So. Influencerin, verstehst du?«

Jetzt seufzt Mama.

»Ja«, mault sie. »Und?«

»Na ja, ich bin inzwischen eine geworden. Nur halt nicht im Internet. Genau wie du gesagt hast, guck …«, ich reiche Mama die aufgeschlagene Schülerzeitung.

»Moment mal, ich habe nie …«, protestiert Mama, bleibt stehen und liest. »Wow … na, das ist ja …« Mama sieht mich an. »Und das bist du? Diese Ghost-Tuberin? Miss X? Der Hammer! Schatz!!!«

»Findest du?«, frage ich und eine Welle von Stolz flutet durch meinen Körper, was sich wirklich gut anfühlt.

»Aber sicher!«, ruft Mama begeistert. »Miss X! Ich fasse es nicht! Und über was schreibst du so? Auch über deine dusslige, altmodische Mutter?«

Ich schüttle den Kopf. »Nee, so Influencer-Sachen halt. Aber dann ist was passiert und …«

»Passiert?«, ruft Mama panisch. »Geht's dir gut? Oder wem? Und was?«

»Ja, das versuche ich dir doch grad zu erklären …«, sage ich.

Wir laufen weiter, während ich berichte und Mama fällt von einem Schreck in den nächsten. Als wir endlich vor dem Memoboard stehen, hält sie mich eine schiere Ewigkeit umschlungen und murmelt kitzelsamtige Babykoseworte in mein Haar.

»Ohmeinarmesmauseschatzelchen, warum hast du denn nichts erzählt? Und das habt ihr alles ganz allein gelöst? Wieso habe ich denn nichts gemerkt? Du hast dir aber auch gar nichts anmerken lassen! Oder bin ich eine schlechte Mutter? Ich sollte doch mitkriegen, dass es dir nicht gut geht. Und Liv ist echt aufgestanden? So früh? Ich muss die Schulleitung informieren. Und die Eltern anrufen, von diesen beiden fiesen …«

»Nein, bloß nicht! Lies einfach mal, was ich geschrieben habe.« Ich pinne rasch das folierte Blatt auf die durchlöcherten Plakate.

»Oje, oje, oje«, murmelt Mama. »Okay … verstehe. Raf-

finiert. Mann, mann, mann, also Matti«, sagt sie, als sie fertig gelesen hat, »das wird ja morgen ein Schultag! Total der Hype. Denn das hier«, Mama sieht zwischen dem Post und mir hin und her, »ist ja nicht nur dein Outing, sondern auch noch ein ziemlich starkes Statement. Und gleichzeitig ein Aufruf an die Täter, sich zu stellen. Hui-ui-ui! Wir machen es so, ich komme morgen auf alle Fälle mit in die Schule, du brauchst einen Bodyguard!«

Ich reiße die Augen auf und starre Mama an.

»Das meinst du nicht ernst, oder?«, frage ich entsetzt.

»Natürlich«, antwortet Mama, zieht den Kopf zwischen die Schultern, presst zwei Finger aufs Ohr und beginnt in den Ärmel zu sprechen. »Hier alles roger, bringe die Chefin jetzt ins Klassenzimmer, over!« Dann zieht sie mich an sich und beginnt zu lachen. »Das musste jetzt sein«, japst sie. »Du hättest dein Gesicht sehen sollen! Kleiner Spaß, weil du mir nichts erzählt hast, jetzt sind wir quitt.«

»Okay«, sage ich erleichtert.

Aber irgendwie hat Mama natürlich mal wieder recht. Ich habe wirklich nicht drangedacht, dass ich morgen bestimmt öfter mal angesprochen werde. Wahrscheinlich auch von Lehrern. Mist. Voll cringe Situation, wuäh!

»Hast du da nicht drangedacht?«, fragt mich Mama, die Gedanken lesen kann.

»Irgendwie nicht«, gebe ich zu.

»Wie würde Opa jetzt sagen? ›*Un' ich sach noch!*‹«, schmunzelt Mama. »Guck mal, im Internet wärst du von Anfang an als du selbst aufgetreten und ich darf dich daran erinnern, wie supermega scharf du darauf sogar warst! Du hättest dir fast eine andere Mutter gewünscht, nur damit du deine Influencer-Karriere erlaubt kriegst, stimmt's? … Hey, du schaffst das!«

»Ich kann's aber auch lassen. Ich mach's einfach wieder ab und niemand wird je davon erfahren«, schlage ich vor und bin mir gar nicht sicher, welche Antwort ich von Mama lieber hätte: Bestätigung oder Protest.

Es kommt Protest. Wenn auch in ziemlich verschwurbelter Form.

»›*Die ich rief, die Geister, werd ich nun nicht los!*‹, zitiert Mama. »Zauberlehrling, Goethe, hattet ihr doch letztes Schuljahr.« Mama grinst, als sie meinen verständnislosen Gesichtsausdruck sieht. »Der Zauberlehrling dachte, du erinnerst dich, er beherrsche die magischen Kräfte schon so gut wie sein Meister – aber Pustekuchen, alles ging schief und nur der Zauberer konnte die entfachten Kräfte wieder beenden. Damit will ich sagen, auch du hast etwas entfacht, das du beinahe nicht mehr beherrscht hättest. Aber anders als der Zauberlehrling, schaffst du es selbst, die Situation zu klären und in den Griff zu bekommen, da bin ich ganz sicher. Den Rest packst du auch noch. Das ist sicherlich die unbequemere Variante, als einfach unterzutauchen, aber es ist die richtigere. Hat was mit Verantwortung zu tun. Und auch mit Erwachsenwerden. So, und jetzt Ende der pädagogischen Ansprache. Komm, wir gehen im Supermarkt vorbei und kaufen uns was Ungesundes fürs Abendessen.«

»Gute Idee«, stimme ich zu und spüre, wie sich mein Magen beim Gedanken an eine Steinofenpizza Veggie-Style mit allem Drum und Dran anfängt, erwartungsvoll zusammenzuziehen. »Danke Mama«, sage ich und schiebe meine Hand in ihre.

»Gern geschehen«, antwortet sie und wir beide wissen, dass ich nicht die Pizza meine.

Was für ein Wort!

»Also falls was ist, schreib mir bei WhatsApp«, sagt Liv am nächsten Morgen beim Abschied im Fahrradkeller. Sie ist von Mama dazu verdonnert worden, gemeinsam mit mir zur Schule zu fahren, ›um nach dem Rechten zu sehen‹. »Ich lass das Handy auf stumm. Soll ich noch mit zum Klassenzimmer kommen, oder kommst du klar?«, fragt sie und zerrt ihre Tasche aus dem Fahrradkorb.

»Alles gut«, sage ich lässig, denn ich habe mir vorgenommen, diesen Tag einfach nur cool und ungerührt durchzustehen, egal was kommt.

Schlimmer, das haben mir Mama und Liv zur Beruhigung wohl siebentausend Mal klargemacht, kann es gar nicht werden, eher besser und ich solle ganz im Gegenteil das Superstar-Feeling genießen!

Auf dem Weg in die Klasse begegnen mir dann auch nur verpennte Gestalten und ich beginne, mich ein wenig zu entspannen. Ich weiß ja aus eigener Beobachtung, dass so früh morgens nur eine Handvoll Schüler den Post überhaupt lesen. Und außerdem überwiegt meine Spannung, was Laura und Josefine wohl machen und ob sie irgendwas zu mir sagen werden. Doch die erste Ansprache übernimmt, was eigentlich klar war, Tamara.

»He, da ist ja unser heimlicher Youtube-Star!«, ruft sie laut, als ich ins Klassenzimmer komme.

Und wider Erwarten klingt es weder hämisch, noch sonst irgendwie hintenrum. Im Gegenteil, Tamara kommt auf mich zu und sieht aus, als wolle sie mich gleich umarmen, was sie sich aber im letzten Moment gerade noch verkneift.

»Respekt«, sagt sie. »Hätte ich gar nicht von dir gedacht. Und na ja, ich wollte dir sagen, dass es mir echt leidtut, dass du dich scheiße gefühlt haben musst, wenn ich manchmal nicht so nett über die Sache geredet habe, okay?« Sie streckt mir die Hand hin. »Wirklich«, setzt sie hinzu. »Das war … nicht in Ordnung von mir.«

In der Klasse ist es ruhig geworden. Dass Tamara zu einer Entschuldigung fähig ist, hätte wohl niemand erwartet.

»Angenommen«, sage ich und meine es auch so.

»Ich woiß, äs wirrd oinmal ein Wuuundärr gäschähn«, summt Polina mit rollendem R und ich habe keine Ahnung, wo sie diesen Song herhat, der sich anhört, als sei er schon hundert Jahre alt und trotzdem auf die Situation passt wie nix.

Meine Klassenkameraden umringen mich und stellen lauter interessierte Fragen, die ich gerne beantworte, und so kriegen wir erst mit, dass Frau Wagner längst vorne steht und zuhört, als sie sich irgendwann vernehmlich räuspert.

»Sehr interessant«, sagt sie, als alle auf ihren Plätzen sind, »wir werden das Thema in der nächsten Klassenlehrerstunde besprechen. Mutig, was du da gemacht hast, Mathilda. Ich hoffe, dass sich die beiden Schmierfinken bald melden und ihr das intern klären könnt … So, wie ihr wisst, nächste Woche steht eine Arbeit an. Wir beginnen ein neues Thema, welches ebenfalls relevant für die Benotung ist …«

Während Frau Wagner weiterredet, werfe ich Laura und Josefine unauffällige Blicke zu. Schmierfinken, was für ein Wort! Und anhand der ebenfalls unauffälligen Blicke, die sie mir zuwerfen, bin ich mir sicher, dass sie den Post bereits selbst gelesen und sich nicht nur aus den Gesprächen alles zusammengereimt haben. Doch, Josefine sieht, im Gegensatz zu Laura, sogar ziemlich mitgenommen aus, wenn ich es recht bedenke. Im Laufe der Stunde wird sie immer blasser und ich stoße Polina an.

Ehe ich michs versehe, hat sich Polina auch schon gemeldet.

»Frau Wagner«, platzt sie unaufgefordert heraus, »ich glaube, Josefine geht's nicht so gut, vielleicht braucht sie mal frische Luft.«

Als sich daraufhin alle Köpfe zu ihr drehen, wird aus ihrer Blässe eine flammende Röte und Josefine sieht aus, als ob sie gleich anfangen würde zu weinen. Augenblicklich bekomme ich ein schlechtes Gewissen.

Und als die Lehrerin das Notfallnummer-Klassenblatt aus ihrer Aktentasche zieht und mit Josefine nach draußen geht, um zu telefonieren, würde ich am liebsten aufspringen und irgendwie alles wieder rückgängig machen. Aber was eigentlich?

»Wenigstens Josefine fühlt sich kacke«, flüstert Polina und ich muss zugeben, dass dies die einzig vernünftige Zusammenfassung der Gesamtsituation ist.

»Okay, ja stimmt eigentlich«, murmele ich hilflos.

In der Pause verstecke ich mich so gut es geht auf dem Klo, während Polina (die sich jetzt offiziell als meine Agentin ausgibt) alle nötigen Auskünfte erteilt, Themenwünsche für weitere Posts notiert und vor lauter »Ja, ich sag's ihr«s bestimmt schon längst nicht mehr weiß, was genau sie mir von wem ausrichten soll.

»Alle finden die Aktion voll cool und mutig«, berichtet sie mir, als es endlich klingelt und ich schnell wieder ins Klassenzimmer spurte.

Wer hätte gedacht, dass es mir doch so unangenehm ist, eine öffentliche Person zu sein. Eben beim Händewaschen habe ich mir Gedanken zu meinem Outfit gemacht, aber nicht die üblichen, wie ›Doch, siehst gut aus heute‹, sondern es waren völlig komplizierte ›Wenn ich mich jetzt selbst als öffentliche Miss Matti sähe, fände ich immer noch, es sähe gut aus?‹-Gedanken, die ja wohl der absolute Superquarkmonstermist sind.

Irgendwie auch anstrengend, das mit dem Berühmt-sein …

Nach der Schule bin ich fix und fertig und nicht unfroh, dass ich ganz alleine zu Hause bin und keinen detaillierten Bericht abliefern muss. Ich bin sogar zu erschöpft, mich

wie üblich aus meinen Klamotten zu pellen, schaufle rasch Knuspermüsli und Haferflocken in ein Schälchen, reibe einen Riesenbrocken Zartbitter-Kuvertüre darüber, gieße reichlich Ahornsirup und Milch dazu, deklariere es kurzerhand als Soulfood (als ob das die Zuckersünde irgendwie ungeschehen machen könnte) und werfe mich aufs Sofa.

Beim Essen scrolle ich durchs Handy und hänge mein Gehirn ein wenig bei Katzen-Hundewelpen- und Kleinkindmissgeschick-Videos aus.

Und gerade als ich richtig chill-dein-Life-mäßig entspannt bin, mein Körper mit der Verarbeitung der Kohlehydrate und Tierkinder-Tik-Toks beschäftigt ist, klingelt es an der Tür.

Ich HASSE es, dass Liv IMMER klingelt, selbst WENN sie den Schlüssel dabeihat und überhaupt in diesem Haus DAUERND ICH die Tür aufmachen muss.

Nö, ich bleibe jetzt liegen, soll sie mit dem Schlüssel reinkommen, denke ich träge, als es erneut klingelt.

Und erst jetzt fällt mir auf, dass es völlig Liv-untypisch läutet, nicht ungeduldig oder genervt, sondern mehr so: ›Oookay, sorry, hab's bloß sicherheitshalber noch mal versucht, bin schon wieder weg‹-mäßig zaghaft. Wumm, so-

fort beginnt mein Herz zu klopfen und ich springe von der Couch. Wahrscheinlich eher die Post, rede ich mir auf dem Weg zur Tür gut zu, Laura wirkte viel zu ungerührt, als dass sie sich so schnell umentschieden haben könnte. Und Josefine traut sich eh nicht allein …

Ich schlittere also auf Socken zur Tür, schlage die Sicherheitsketten-Regel in den Wind und öffne gerade noch rechtzeitig, denn die Besucherin ist schon wieder halb die Treppe hinuntergelaufen …

Es geht echt immer noch krasser!

»Hi«, sage ich und Josefine dreht sich um.

»Du bist ja doch da«, sagt sie.

Unschlüssig sieht sie mich an und ich bemerke die Packung Schaumküsse in ihrer Hand.

»Hm. Willst du reinkommen?«, frage ich.

Josefine winkt kurz in Richtung eines geparkten Autos und kommt die Treppe wieder hoch.

In der Diele gibt sie mir die Schachtel. Dabei zittern ihre Hände. Prüfend sehe ich ihr ins Gesicht. Sie ist immer noch käsebleich und ihre Augen sehen verheult aus.

»Geht's dir besser?«, frage ich und fühle mich scheußlich.

Da höre ich einen Schlüssel in der Tür und Mama quetscht sich mit einem Einkaufskorb herein.

»Wow, Tildchen, also da draußen sitzt ja mal ein hübscher Mann im Auto«, verkündet sie und strahlt mich an. »Na, wie ist es dir …?« Erst jetzt bemerkt sie Josefine und hält inne.

Selbstverständlich wäre ich schon nach Mamas Worten am liebsten in Ohnmacht gefallen, aber als Josefine leise »Das ist mein Vater, er wartet auf mich« antwortet, sehe ich mich buchstäblich nach einem Mauseloch um.

»Oha«, sagt Mama. »Ups. Okay. Verstehe. Du bist eine von den …«

»Mama, ist gut jetzt«, raunze ich.

»Na dann. Wollt ihr nicht hochgehen?«, fragt Mama und wirft mir einen vielsagenden Blick zu.

Erleichtert flüchte ich nach oben und Josefine tritt sich die Schuhe von den Füßen und folgt mir.

»Sorry«, sage ich, »meine Mutter halt.«

Josefine winkt ab und zeigt auf die Schachtel.

»Wollte ich dir schenken. Wegen dem Post. Von vor ein paar Tagen … ›Wie esst ihr am liebsten eure Süßigkeiten?‹ Du hast geschrieben, dass du …«

»Ich weiß«, unterbreche ich sie. »Also, was ich geschrieben habe.«

»Ach so, ja«, murmelt Josefine und lässt sich auf den Teppich sinken.

Ich überlege noch, ob ich strenger wirke, wenn ich stehen bleibe oder doch eher lächerlicher, als ich bemerke, dass Josefines Schultern beben.

»Oje«, sage ich und setze mich neben sie.

»Kannst du bitte nicht der Schule mitteilen, dass ich das war?«, quetscht sie zwischen den Schluchzern hervor. »Es tut mir total leid!«

Josefine weint stärker. Ich krame in der Nachtischschublade nach einem Päckchen Taschentücher.

»Aber warum hast du's dann gemacht?«, frage ich und reiche es ihr.

Josefine zuckt mit den Schultern. »Keine Ahnung«, presst sie hervor.

»Und warum ist Laura nicht mitgekommen?«, möchte ich wissen.

Josefine zuckt wieder mit den Schultern und schnäuzt sich.

»Sie weiß ja gar nicht, dass ich hier bin«, sagt sie nach einer Weile.

Das kapiert doch kein Mensch. Wenn man sich gemeinsam die Suppe eingebrockt hat, muss man sie doch auch wieder zusammen auslöffeln, oder nicht?

»Aber sie ist doch deine beste Freundin! Komisch, ich

dachte, ihr macht das zusammen wieder gut und nicht jede für sich. Hm?«, hake ich nach.

»Ich wollte das ja gar nicht«, nuschelt Josefine in ihr Taschentuch.

»Was?«, frage ich. »Wie?«

»Na, die schlimmen Sachen schreiben. Laura …« Josefine zögert und ich runzle die Stirn.

Moment mal, versucht Josefine etwa gerade, Laura die Schuld für alles in die Schuhe zu schieben? Also das wär's jetzt noch …

»Nein, also nicht wie du denkst«, sagt Josefine. »Laura hatte wirklich die Idee dazu, ich schwör's dir. Und … und … ich … muss immer alles machen, was Laura sagt. Sonst ist sie nicht mehr meine Freundin.« Josefine schluchzt.

»Wie bitte?«, rufe ich und Josefine nickt.

»Doch. Aber ich halte das nicht mehr aus. Ich glaub, ich hab dauernd Bauchschmerzen davon. Seit Monaten. Mein Vater war schon mit mir beim Kinderarzt und bei einer Spezialistin im Krankenhaus, aber ich konnte niemandem sagen, warum ich die Schmerzen wahrscheinlich wirklich habe.« Josefine zerknüllt das Taschentuch in ihren Händen. »Ich darf nie eine eigene Meinung haben. Ich darf auch nicht mit anderen sprechen. Oder mich verabreden. Ich …«

Josefine wird von einem erneuten Weinanfall geschüttelt. Ich lege meinen Arm um sie und streiche ihr über die Schulter. »Ich … finde dich zum Beispiel voll nett und Polina und Zeynep und auch Henri und Ben, aber Laura kriegt die Krise, wenn sie denkt, ich will auch mit anderen befreundet sein. Und dann lässt sie's an mir aus. Sie redet tagelang nicht mit mir. Blockiert mich auf WhatsApp und so …« Josefine zerrt ein weiteres Taschentuch aus der Packung und wischt sich über die Augen. »Manchmal kann ich deswegen gar nichts mehr essen«, flüstert sie.

Ich starre Josefine an, als würde ich sie zum ersten Mal sehen. Mein Körper besteht aus einer einzigen Gänsehaut. Das kann ja wohl alles nicht wahr sein! Stimmt, jetzt bemerke ich erst, wie wahnsinnig mager Josefine geworden ist!

»Du, wir, also, im Grunde ist es fast das Gleiche, was uns passiert ist, nur umgekehrt oder andersrum oder halt genauso krass, weißt du, was ich meine?«, stammele ich irgendwas zusammen. »Also jedenfalls stecken wir beide in der Scheiße.«

Josefine nickt. »Ich komm da aber nicht mehr raus. Ich bin ganz gefangen, irgendwie.«

»What the fuck«, sage ich leise. »Wie lang geht das denn schon so?«

Vor meinem inneren Auge laufen Szenen aus unserem Schulalltag ab und jetzt, wo mir bewusst ist, dass zwischen Laura und Josefine alles komplett anders war, als es schien, wird mir ganz schwindelig.

»Hast du deswegen im Skilandschulheim so oft geweint?«, frage ich. »Also nicht nur wegen der Knieverletzung, sondern auch wegen Laura?«

»Ja«, sagt Josefine leise. »Ich kann eigentlich total gut Skifahren. Richtig gut.«

»Hä?«, rufe ich. »Aber du warst doch mit uns in der Totale-Anfänger-Gruppe. Doch nicht etwa, weil ...«

»Doch«, murmelt Josefine. »Laura hat gesagt, ich darf das niemandem erzählen. Ich musste die ganze Zeit so tun, als hätte ich noch nie auf Skiern gestanden. Dauernd hinfallen und so und auf keinen Fall besser sein als Laura. Und dabei habe ich mir dann das Knie verdreht ...«

»Oh mein Gott«, japse ich. »Und davon wissen deine Eltern auch nichts?«

Josefine schüttelt den Kopf. »Ich hab ja nur meinen Papa«, wispert sie. »Meine Mutter, die ... also da ist kein Kontakt.«

»Ah …«, sage ich, weil ich überhaupt nicht weiß, wie ich darauf reagieren soll, aber zumindest habe ich verstanden, dass Josefine noch nie jemandem von ihren Problemen erzählt hat.

»Dann bin ich jetzt die Erste, die davon erfährt?«, frage ich sicherheitshalber nach und Josefine nickt.

»Warte kurz, okay, keine Sorge, ich bin gleich wieder da«, sage ich und laufe nach unten.

Auf dem Weg durch die Diele höre ich Stimmen aus dem Wohnzimmer, aber darum kann ich mich jetzt nicht kümmern. In der Küche treffe ich auf Liv und Noah, die vor dem offenen Kühlschrank stehen und in ein Gespräch über kosmische Geschwindigkeiten vertieft sind.

»Könnt ihr mal zumachen?«, schimpfe ich, gebe der Tür einen Schubs und angle nach Schälchen und zwei Löffeln. »Sehr krasse Weiterentwicklungen im Gange«, teile ich im Rauslaufen mit.

»Das kannst du wohl laut sagen …«, höre ich Liv antworten, aber ich habe leider keine Zeit zum Nachhaken. »Später!«, rufe ich und haste die Treppe wieder hinauf.

Von Prioritäten und wie sie sich plötzlich ändern können ...

Josefine sitzt noch genauso zusammengekauert auf dem Boden, wie ich sie verlassen habe. Ich reiche ihr eins der beiden Schälchen und einen Löffel. Dann öffne ich die Packung Schaumküsse.

»Ich brauche dringend Zucker«, sage ich und halte ihr die Schachtel hin. »Hast du Lust, ich zeig dir, wie ich sie am liebsten esse.«

Als auch Josefine zugegriffen hat, befreie ich zwei Schokoküsse von ihrer Waffel und zerdrücke die Schaummasse mit dem Löffel so lang, bis ein glänzender, dicker, gesprenkelter Brei entstanden ist.

»Die beste Art einen Schokokuss zu essen, wie Straciatella«, sage ich und Josefine schleckt an ihrem Löffel.

»Stimmt, warum bin ich da noch nie draufgekommen?«, sagt sie. »Braucht doch kein Mensch, die ganze Luft da drin.«

Wir lächeln uns an und löffeln für eine Weile schweigend weiter.

»Krass irgendwie, dass das jetzt alles so geschehen musste, damit die Wahrheit rauskommt, oder?«, frage ich und Josefine nickt.

»Na ja«, sagt sie, »aber dass ich sozusagen mein Problem an dir ausgelassen habe, war echt schlimm. Das tut mir total leid.«

»*Wer weiß, wofür's gut war.* Ist so 'n Spruch von meiner Omi«, antworte ich und kratze mein Schälchen aus.

»Was soll ich denn jetzt tun?« Josefine sieht mich an und in ihren Augen glitzern schon wieder Tränen.

»Ich würde Frau Wagner eine Mail schreiben, dass du seit ziemlich langer Zeit schlimme Probleme mit Laura hast und sie dich erpresst und du auf keinen Fall mehr neben ihr sitzen willst und zwar ab sofort. Irgendwie wird sie dann schon reagieren. Passt auch ganz gut, weil wir morgen in der ersten Stunde Deutsch haben.«

»Ich weiß nicht …«, murmelt Josefine und beginnt, noch einen Schokokuss zu zermatschen.

»Doch!«, rufe ich. »Klar! Aber als Allererstes musst du deinem Vater die Wahrheit sagen. Er macht sich bestimmt total Sorgen um dich!«

»Scheiße!« Josefine steht auf. »Total vergessen. Er sitzt ja im Auto vorm Haus. Ich hab ihm gesagt, dass ich was ganz Wichtiges klären muss und er hat drauf bestanden, auf mich zu warten. Aber dass es so lang dauert …« Josefine zieht ihr Handy aus der Tasche. »Komisch, er hat aber auch nicht geschrieben … Ob er gefahren ist? Ich ruf ihn mal an …«

Ich öffne das Fenster und lehne mich hinaus.

»Er ist noch da, ich kann euer Auto sehen.«

»Okay«, sagt Josefine, geht zur Tür und wählt. »Ich sag kurz Bescheid, dass ich gleich rauskomme.«

Als wir die Treppe runtergehen, hören wir es im Wohnzimmer klingeln.

»Is' ja 'n Zufall …«, sage ich.

»Papa?«, sagt Josefine kurz darauf. »Ich bin jetzt fertig und wollte nur Bescheid …«

»Ich bin hier«, hören wir im selben Moment Josefines Vater in Stereo antworten, aus dem Handy und gleichzeitig aus dem Wohnzimmer.

Da geht die Tür auf und Mama grinst uns an.

»Ich konnte doch deinen armen Vater nicht da draußen im Auto sitzen lassen«, sagt sie und tritt zur Seite, damit wir reinkommen können. »Wir haben in der Zeit einen Kaffee getrunken.«

Zum Glück bin ich genauso perplex wie Josefine. Das ist so typisch meine Mutter! Mir will gerade die Situation wieder unheimlich peinlich sein, als mich eine kleine Stimme im Kopf fragt, warum eigentlich. Denn Mama hat ja eigentlich überhaupt nichts falsch gemacht, im Gegenteil, sie war höflich und hilfsbereit und dass sie vorhin lautstark verkündet hat, dass sie Josefines Vater ganz nice findet, weiß er ja nicht …

TROTZDEM, würde ich am liebsten rufen und theatralisch den Raum verlassen, aber ich reiße mich zusammen, weil es gerade überhaupt kein bisschen um mich geht. Oder doch schon, aber anscheinend haben sich die Prioritäten verschoben. Und ich muss zugeben, Josefines Problem ist wirklich viel größer als meins. Im Grunde habe ich ja auch gar keins mehr.

Während all diese vielen Gedanken durch meinen Kopf rasen, hat sich Josefines Vater erhoben und ist im Begriff, mit seiner Tochter zu gehen.

Ich drücke Josefine kurz an mich, was bei Mama ein er-

leichtertes Lächeln auslöst, und sage ihr, dass sie sich auf alle Fälle heute nochmal per WhatsApp melden soll.

Als die beiden gegangen sind, wende ich mich an Mama, um ...

»Stopp, ich habe nichts verraten!«, ruft Mama sofort. »Wir haben nur geplaudert. Er wusste von nichts und ich habe auch so getan, als wüsste ich nicht, was es so Wichtiges zu besprechen gibt.«

»Okay, aber es war sowieso alles ganz anders ...«, will ich gerade mit meinem Bericht beginnen, als Liv und Noah die Treppe hinunterkommen.

Sofort faltet sich Liv in ihre Lieblingsknotenposition auf die Stufen und wir setzen uns zu ihr.

»Treppengespräch«, sagt Liv zufrieden in Noahs Richtung. »Machen wir manchmal so.«

»Kann ich jetzt mal reden?«, frage ich und lege los.

Als ich geendet habe, könnte man die sprichwörtliche Stecknadel fallen hören. Stattdessen ticken nur die beiden Wanduhren um die Wette.

»Eijajei«, sagt Mama.

»Wow, wenn du gekniffen hättest, hätte es den Ausschlag nicht gegeben, dass Josefine aus dieser komischen Beziehung rauskommt«, sagt Liv.

»Und sie wäre immer kränker geworden. Ihr Vater hat vorhin angedeutet, dass es ihr nicht so gut geht, aber ich wollte erst mal abwarten, was bei eurem Gespräch rauskommt, bevor ich nachhake …«, berichtet Mama. »Warum redet sie denn nicht mit ihren Eltern?«

»Sie hat nur ihren Vater«, erkläre ich.

»Oh!«, sagt Mama und wenn das Thema nicht so ernst wäre, würde ich meinen, es hätte sich erfreut angehört.

Den Eindruck hat Liv offenbar auch.

»Mama!«, schimpft sie.

»Und ich glaube«, rede ich weiter, während Mama sich verlegen an der Nase kratzt, »sie ist niemand, der gerne Schwierigkeiten macht. Sie frisst das in sich rein und kriegt Bauchschmerzen und hört auf zu essen.«

Ich höre, dass ich eine WhatsApp bekommen habe und ziehe mein Handy aus der Tasche.

»Ist von Josefine«, verkünde ich und überfliege die Nachricht. »Sie hat mit ihrem Vater gesprochen und schreibt, wartet, ich lese vor: Er ist übelst erleichtert und überhaupt nicht sauer oder so. Er will mit Frau Wagner sprechen, aber iwi will ich das selbst regeln. Sind grad im Café, ich MUSS drei Stücke Torte essen!« Wir lachen erleichtert. »Moment, geht noch weiter«, sage ich. »Eine Million Mal, oder wie

188

viele Nullen das jetzt sind, Danke! Und dann halt voll viele Herzchen.«

»Geil!«, ruft Liv und Mama klatscht.

»Bleibt noch Laura«, sagt Noah. »Bin ich mal gespannt, wie…«

»Sie wird's doch wohl nicht drauf ankommen lassen, dass ich echt zur Schulleitung gehen muss, oder?«, unterbreche ich ihn. »Will ich nämlich eigentlich gar nicht.«

»Kann ich verstehen«, sagt Noah. »Wart's einfach ab, ich kenn so Typen. Null schlechtes Gewissen. Sie wird wahrscheinlich morgen so was sagen wie: ›Hey, sorry übrigens, aber so schlimm war's echt nicht, keine Ahnung, warum du dich so anstellst.‹ Man kriegt von solchen Menschen immer die Schuld zugeschoben, egal was man macht.«

Mama verschränkt die Arme.

»Ja, das würde passen. Wenn jemand so viel Macht über einen anderen hat, dann muss er diese Skrupellosigkeit draufhaben. Als Selbstschutz auch.«

»Pf, Mama, jetzt fang nicht damit an, zu versuchen, Laura zu verstehen«, sagt Liv. »Man kann auch einfach nur mal auf jemanden sauer sein, weil derjenige scheiße ist.«

»Stimmt«, sagt Mama. »Du hast recht. Und Matti ging's echt nicht gut damit. Aaaaber, dass dieses Kind ist wie

es ist, dafür gibt's bestimmt auch einen Grund und ich schätze mal, der ist nicht sonderlich schön … So und jetzt muss ich weitermalen, sonst trocknet mir die Aprikosenmarmelade noch den Pinsel ein …«

»Äh?«, sagt Noah, als Mama verschwunden ist. »Ja, guuut. Immer wieder interessant bei euch …«

Und das bringt Liv und mich so zum Lachen, dass wir beinahe von der Treppe purzeln.

Bonustrack

Ich habe anschließend natürlich die halbe Nacht mit Polly telefoniert, um alles haarklein mit ihr zu besprechen. Zwischendurch bekam ich noch eine Nachricht von Josefine, die mir gesagt hat, dass sie eine Nachricht an Frau Wagner geschrieben hat und morgen nicht in die Schule kommt, weil sie von ihrem Vater zum Schwänzen verdonnert worden ist. Erholungsschwänzen mit Filme gucken, Quatsch essen und ganz viel Papazeit, schreibt sie, hat er es genannt. Na ja, ich kann jetzt nicht direkt sagen, dass das eine uncoole Aktion von ihm wäre. Hätte glatt von Mama kommen können.

Am nächsten Tag setzt unsere Klassenlehrerin kommentarlos ein paar Schüler um, unter anderem auch Josefine,

die jetzt neben Ben sitzen wird. Und ich finde, sie hat diesen superschönen Zufall so was von verdient. Ich freu mich jetzt schon drauf, ihr das zu schreiben.

Was Laura betrifft, hat Noah den Nagel auf den Kopf getroffen. Und das kam so:

Ich komme in den Gang vorm Klassenzimmer, Laura holt mich ein und rempelt mich so rotzfrech von der Seite an, dass mir die Turntasche zu Boden fällt, und sagt: »Konnte ich ja nicht wissen, dass du dich so anstellst. Sorry, war doch bloß ein Spaß! Kannst jetzt wieder runterkommen, echt ey.«

Oookay.

Kann man direkt noch was von lernen. Also falls man Nachhilfe in Unverfrorenheit braucht.

Doch irgendwie scheint das Karma auf meiner Seite zu sein beziehungsweise nicht auf Lauras, denn Tamara muss Ohren haben wie ein, keine Ahnung, Tier-das-halt-super-hört, denn kaum haben wir die Klasse betreten, kräht sie grinsend im schönsten Tamara-Singsang los: »Die Laura. Tja, wer hätte das gedacht. Die brave, liebe Laura war's! Dass die so fies sein kann. Zum Kotzen, oder Leute?«

Und damit hat sich für Laura eine Weile wohl so ziemlich jede Sympathie erledigt.

 192

Und mir?

Tut sie augenblicklich leid und ich muss nicht mal drüber nachdenken, ob ich die Entschuldigung annehme und mir das zur Schulleitung gehen spare.

Tja Leute, ich bin wirklich nicht zum Gangsta geboren!

ENDE

HACK #01: STICKER-MANIA

Hey Leute, schön, dass ihr wieder dabei seid bei Miss Mathilda von Amazing Jumping Cupcake, dem Channel für Lifestyle, Süßes und tausend Ideen zum Selbermachen — weil einfach kaufen kann ja jeder!

Heute zeige ich euch eine supereinfache, aber geniale Art, wie ihr Sticker herstellen könnt. Und zwar solche, auf denen drauf ist, was IHR wollt und was EUCH etwas bedeutet. Für euer Bullet-Journal, das Smartphone, Laptop, Hefte, Mappen, Ordner und tausend andere Dinge, die man mit Aufklebern verschönern kann.

Was ihr braucht:

- Backpapier
- Transparente Bucheinbindefolie oder breites Klebeband
- Motive

Druckt euch aus dem Internet massenhaft coole Sprüche, Buttons, Statements und Motive aus. Oder durchforstet eure Zeitschriften nach Überschriften, Satzschnipseln und Zeichnungen. Das Ganze geht natürlich auch mit Fotos oder ihr zeichnet eure Motive einfach selbst.

- Jetzt kommt der nervigste Teil, das Ausschneiden. Wow, das kann dauern ...

- Klebt anschließend ein Stück Folie oder einen Streifen Klebeband auf das Backpapier und platziert dort eure Motive drauf. Und zwar nicht auf links, sondern ganz normal, sodass man erkennen kann, was drauf ist.

- Nächster Schritt: Über die Sticker klebt ihr jetzt eine weitere Lage Bücherfolie oder Klebeband. Das hört sich jetzt einfach an, ist aber in Wahrheit der sauschwierigste Teil der ganzen Aktion. Wegen irgend so 'ner elektrostatischen Anziehung oder Aufladung oder wasweißich, wuschen die Aufkleber nämlich nach oben, wenn ihr mit der Klebefolie genau oben drüber seid und alles verschiebt sich. Total nervig. Hier also geduldig bleiben und versuchen, die Folie so rasch wie möglich, aber trotzdem ohne Luftblasen auf die Aufkleber zu bekommen — ist reine Übungssache und Fluchen natürlich erlaubt!

- Dann endlich, das Schönste: Schneidet eure Sticker aus, am besten mit einem kleinen Rand, dann halten sie später noch länger. Anschließend Backpapier abziehen und aufkleben, am besten dicht an dicht, z. B. wie eine Art Mood-Board.

Wo-ho-hooow, das sieht so genial aus, oder?

Schaut mal, hier ist ein Bild meiner Handyhülle. Ziemlich viele Retriever, was? Alles meine Traumhunde. Und nein, keine Sorge, im echten Leben müsste meiner natürlich keine Sonnenbrille tragen 😊)

So ihr Lieben, das war's mal wieder für heute, ich freue mich über eure Kommentare …

HACK #02: OVERNIGHT-OATS

Hey meine Lieben, hier ist wieder eure Tilda von Amazing Jumping Cupcake, dem Channel für Lifestyle, Süßes und Just-do-it-yourself-sonst-macht-es-niemand!

Heute ist mir nach Power, deswegen verrate ich euch das beste Rezept der Welt für ein Müsli, das sich über Nacht nicht nur selbst macht, sondern auch toll aussieht, super schmeckt und lange satt hält.

Darf ich präsentieren: Overnight-Oats, gerne auch Matzis-Mischmasch genannt.

Und weil Oat ja Hafer heißt, fangen wir gleich mit dem Hafer an:

- 4 gehäufte Esslöffel Haferflocken in ein Schraub-glas geben. Hierzu eignen sich leere Marmeladengläser (von denen wir ja im Moment haufenweise haben, weil meine Mutter Künstlerin ist und mit Marmeladenfarbe experimentiert, ja, wirklich, aber das ist ein anderes Thema) oder andere Gläser. Hauptsache, der Deckel passt.

- Apropos Deckel: Den von meinem Lieblingsglas habe ich mit Nagellack (also Livs Nagellack, ähem) angemalt, seht ihr? Um diesen Marmoreffekt so hinzukriegen, habe ich allerdings sehr viel Weiß verbraucht, aber sie hat es noch nicht bemerkt. Sie kriegt einen neuen zu Weihnachten, Leute, keine Sorge. Ach so, die Deckelverzierung geht natürlich auch mit Acrylfarbe!

Okay, also wo war ich stehen geblieben? Beim Hafer. Der ist ja jetzt schon in Form von Flocken im Glas. Ach nein, falsch, er kommt in ein Schälchen! Puh, ihr seht, ich brauche echt dringend Energie. Also weiter.

- Dazu gebt ihr 100 ml Milch und 3 Esslöffel Joghurt. Am besten Naturjoghurt, das geht natürlich auch alles in vegan, mit Mandel-Kokos- oder Sojamilch und/oder -Joghurt.
- Schön mischen und erst JETZT ins Glas füllen.
- Obendrauf kommt, worauf man Bock hat: kleingeschnittene frische Früchte oder gefrorene Beeren, gehacktes Trockenobst, Nüsse, Cranberrys, Rosinen,

Schokosplitter, Bananenscheiben, Erdnussmus und und und …

- Zum Süßen kannst du Honig verwenden, Marmelade, Agavendicksaft, Zuckerrübensirup oder Ahornsirup, ganz nach Geschmack. Ich matsche mir in meine Overnight-Oats immer zusätzlich eine schön reife, weiche Banane hinein. Das gibt Extrasüße und ich kann es mir gar nicht mehr ohne vorstellen.

- Zum Verfeinern schmeckt Zimt oder spezielle Süß-speisengewürzmischungen.

- Zu den Haferflocken kann man auch Chia-Samen dazugeben (die saugen aber ziemlich viel Flüssigkeit, da braucht ihr also einen extra Schluck Milch) oder es mal mit Dinkelflocken probieren. Hauptsache, hinterher sind diese Schichten im  Glas und alle BE-NEI-DEN!!! dich um diesen leckeren Snack.

Und die eingesparten Minuten, falls du dir dein Pausenbrot selbst machen musst, kannst du schön länger schlafen!

Ach so, hier kommt mein Extra-Spezial-Tipp:

An einen Löffel denken!!!

Und nicht vergessen, lasst mir ein Like da und schreibt mir

eure Lieblingszutaten in die Kommentare ...

HACK #03: FLOWERS FOREVER

Hey, meine Lieben, hier ist wieder eure Tilda von Amazing Jumping Cupcake, dem Channel für Lifestyle, Süßes und Just-do-it-yourself, weil es sooo ein gutes Gefühl ist! Vor kurzem habe ich Blumen gepresst und getrocknet und diese beiden Bilder damit gestaltet. Wenn das Licht von hinten durchs Glas fällt, kann man durch die Blüten hindurchsehen. Sieht aesthetic aus, oder?

Das fand meine Mutter auch und sie so:

»Wow, wann hast du die denn gepresst, sind die vom letzten Jahr? Und in welchem Buch? ›Herr der Ringe‹ oder das
Wörterbuch? Habe ich gar nicht mitbekommen! Und alle
Blumen sind so gut erhalten, mir sind früher die meisten
gepressten Blätter total zerbröselt und die ganze Arbeit
und Warterei war umsonst!«

Und ich so: »Mama, das habe ich gerade in der Mikrowelle
gemacht, dauert nur ein paar Sekunden!«

Also da hat sie aber gestaunt!

Und falls ihr davon auch noch nie gehört habt, kommt
jetzt mein Tutorial.

- Zunächst also: Blumen und Gräser pflücken gehen.
- Dann braucht ihr Küchenpapier und zwei kleine Teller
  mit einem platten, ebenen Boden.
- Dreht einen Teller um und legt ein Küchenpapier
  drauf. Das saugt beim Trockenvorgang später die
  Flüssigkeit aus der Blume. Arme Blume, eigentlich.
- Drapiert eure Blüte nun aufs Papier und legt eine
  zweite Lage darüber. Anschließend drückt ihr vorsichtig den zweiten Teller darauf – die Blüte ist
  jetzt zwischen zwei Küchenpapieren und den Tellern
  gepresst.

Dann das Ganze in die Mikrowelle, ungefähr für 60 Sekunden.

- Da müsst ihr ein wenig experimentieren: Je saftiger die Blume, desto länger dauert das Trocknen. Zu lang ist aber auch nicht gut, sonst kann es passieren, dass die Blumen braun werden.
- Und nur so als Hinweis: manchmal kann es dabei richtig stinken. Fragt mich nicht, wieso, aber manche Blumen riechen danach echt übel, aber das verfliegt wieder, einfach die Küche gut lüften ...

Die gerösteten Blumengerippe kommen dann in einen Glasbilderrahmen. Oft findet man keinen Rahmen mit zwei Glasscheiben, da hilft dann leider nur: Kaufe 2 Stück und benutze beide Gläser in einem Rahmen.

Alternativ könnt ihr auch einfach eine leere CD-Hülle nehmen oder die Blüten mit transparentem Bastelkleber in eine durchsichtige Handyhülle kleben.

Da hat man seinen Garten immer in der Tasche dabei, toll irgendwie, oder?

Meine Lieben, wenn euch mein Video gefallen hat, dann freu ich mich über jede Menge Likes und eure Kommentare ...

HACK #04: PEACHY ICE-TEA

Hey Guys, schön, dass ihr wieder dabei seid. Eure Matzi von
Amazing Jumping Cupcake, dem Channel für Süßes, Life-
style und DIYs, zeigt euch heute ein super easy Rezept für
Pfirsich-Eis-Tee.
Und wer bei dem Wort schon durstig wird, der ist hier
genau richtig.
Ich liiiebe Pfirsich-Eis-Tee!
Aber der gekaufte ist der reinste Zuckersirup, ehrlich
Leute, in einem Liter Eistee sind 28 Stückchen Zucker drin.
Extrem, oder? Und der mit künstlichen Süßungsmitteln
schmeckt so gruselig, wer bitte kriegt den runter?
Also?
Selber machen!
Yay! Und so komme ich wenigstens auch mal zum

Pfirsichessen. Ich mag sie nämlich wegen der komischen Haut nicht, da kriege ich Gänsehaut von. Ich kann mit der Zunge nicht drüberlecken, wuuaaah, geht es jemandem von euch genauso? Aber der Geschmack ist so irre genial. Also los geht's. Ihr habt genug Eiswürfel? Perfekt.

- Zerschnippelt 5 Pfirsiche und kocht sie zusammen mit 4 Esslöffeln Zucker und 250 ml Wasser in einem Topf auf. Ihr könnt natürlich auch mehr oder weniger Zucker nehmen, ganz wie es euch schmeckt, an 28 Würfel kommen wir so oder so nicht ran und ein bisschen süß ist ja in Ordnung.

- Die Pfirsichsuppe köchelt vor sich hin, zehn Minuten ungefähr. Hmmm … das riecht wie beim Marmelade-kochen. Oh, wo wir gerade von Marmelade sprechen, darüber mache ich bestimmt auch mal ein Tutorial. Nichts macht einen so zufrieden wie selbst gemachte Erdbeermarmelade auf selbst gebackenem Brot. Sagt Omi. Und Großmütter wissen immer alles.

- Gießt jetzt die Flüssigkeit durch ein Sieb und fangt sie auf. Wer mag, kann das Pfirsichmus auch aus-kühlen lassen und dann schlemmen, schmeckt ein bisschen wie ein Babygläschen mit Fruchtpürree. Ich mag das. Oder gebt es auf Joghurt …

- Kocht jetzt 500 ml Wasser auf und übergießt 4 Beutel Schwarztee damit. Wer möchte, kann noch eine halbe Zitrone dazu pressen. Für eine Viertelstunde ziehen lassen (wenn ihr den Tee nicht so stark mögt, weil dann eine gewisse Bitterkeit mit dabei ist, lasst ihn einfach kürzer ziehen).
- Dann den Tee mit dem Peach-Water mischen und auskühlen lassen. Ja, ich weiß, das nervt, geht mir auch immer so, aber es lohnt sich.

Und endlich:

Glas mit Eiswürfeln füllen, Zitronenscheibchen an den Rand und das Knistern genießen, wenn der Pfirsichtee das Eis zum Knacken bringt.

Alta, schmeckt das gut …

Und wenn ihr das auch findet, dann liked meinen Beitrag und schreibt mir unbedingt auch eure Ideen in die Kommentare …

HACK #05: HALF BLEACHED JEANS

Hallo Leute, herzlich willkommen zu einer neuen Folge von Amazing Jumping Cupcake, dem Channel für alles, was euch so richtig in den Flow bringt, präsentiert wie immer von eurer Miss Mathilda.

Heute machen wir aus einer alten Jeans mit jeder Menge Chemie was Neues, nämlich eine Half bleached Jeans. Ja, ihr habt recht, Chemie ist natürlich überhaupt nicht gut, aber vielleicht habt ihr ja zufällig das Mittel sowieso im Haus, dann ist so ein bisschen Zweckentfremdung nicht ganz so schlimm.

Worum es geht?

- Um Chlorbleiche. Seht also mal bei euren Wasch-
  mitteln nach. Normalerweise benutzt man Chlorbleiche dazu, Wäsche weißer zu machen, irgendwie

bakterienrein zu bekommen oder man nimmt es in verdünnter Form als Bad- oder Toilettenreiniger. Es riecht jedenfalls total nach Schwimmbad und ist nicht gerade ein Kinderspielzeug, also passt bei der Anwendung gut auf, dass ihr keine Spritzer abkriegt.

- Tragt dabei unbedingt Einmalhandschuhe!
- Auch noch sehr wichtig: Geht bei der Anwendung raus an die frische Luft.
- Jetzt fehlt noch ein Pinsel, Zeitungspapier und breites Klebeband oder Tapezierband.
- Alle Bereiche eurer Jeans, die später nicht weiß sein sollen, klebt ihr mit dem Band ab. Zum Beispiel die hintere Hosentasche des Beines, das wir entfärben wollen.
- Benutzt einen Pinsel, um ein Hosenbein mit der Chlor-flüssigkeit zu bestreichen, vorne und hinten, der Stoff muss richtig getränkt sein. Aber Achtung, dass euch keine Spritzer auf das andere Bein kommen, das gibt nachher weiße Punkte. Auch wenn die Flüssigkeit über die mittlere Naht kriecht, wird dieser Bereich hinterher weiß, also müsst ihr ziemlich sorgfältig arbeiten. Manchmal funktioniert das mit dem Abkleben aber auch nicht hundertprozentig und

die Ränder werden ein bisschen verschwommen. Finde ich aber nicht schlimm, im Gegenteil.

- Statt ein Bein komplett zu entfärben kann man natürlich auch hundert andere Sachen mit dem Stoff machen: Streifen aufmalen, Punkte, Wörter schreiben oder was einem sonst noch einfällt.

Die behandelte Jeans an der Sonne trocknen lassen und hinterher ohne Waschmittel in der Maschine waschen.

Und jetzt ein kleiner Tipp: Beim ersten Versuch habe ich ein, ich schätze mal, ziemlich verbotenes Chlorzeug von meinem Opa verwendet, das noch bei uns in der Garage rumstand. Der Chlorgehalt war viel höher als in den üblichen Flaschen aus dem Drogeriemarkt und das hat mir total den Stoff geschrottet.

Schon beim Rausholen aus der Maschine ist die Jeans überall gerissen, sie war so morsch und dünn wie Seidenpapier! Also am besten vorher an einer unauffälligen Stelle oder mit ausrangierten Jeanshosen/Jacken Testfärbungen machen …

Also rechnet damit, dass eure Hose hinterher insgesamt nicht mehr ganz so strapazierfähig ist, wie eine normale Jeans, deshalb: Lieber ne Mom-Jeans bearbeiten als 'ne Skinny, damit ihr beim ersten Hinsetzen nicht in der Unterhose dasteht …

Aber sieht das nicht cool aus? Ein sehr besonderer Style!

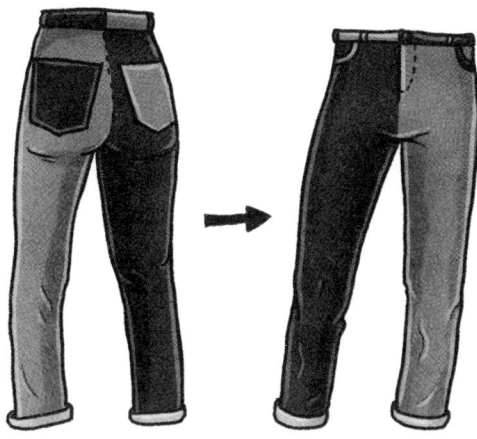

Jetzt bin ich auf eure Erlebnisse und Ergebnisse beim Bleachen gespannt und freue mich wie immer über eure Likes!

© Barbara Dietl

Andrea Schütze hat in ihrer Kindheit so ziemlich alle Hobbys ausprobiert, die man sich nur vorstellen kann. Irgendwann ist sie beim Lesen geblieben und schreibt deshalb auch so gerne Bücher. Mit ihren Töchtern und einem Kätzchen lebt sie in einem rosa Haus mitten im Schwarzwald.
www.andrea-schuetze.de

Oliver Schlick
Rory Shy, der schüchterne Detektiv

320 Seiten
Hardcover
ISBN 978-3-7641-5188-1

Ab 10 Jahren

ebook

Es ist völlig in Ordnung, schüchtern zu sein!

Rory Shy ist ein ungewöhnlicher Detektiv: Es ist ihm unangenehm, Zeugen zu befragen, er ist zu schüchtern, um mit Informanten zu sprechen, und viel zu höflich, um Verdächtige mit Fragen nach einem Alibi zu belästigen. Dafür besitzt er eine hochgeheime eigene Methode, mit der er bislang auch die kniffligsten Rätsel lösen konnte. Bis jetzt: In der Villa einer Millionenerbin ist eine Perle spurlos verschwunden. Und von der Sekretärin bis zum Butler scheint jeder ein Geheimnis zu hüten. An Befragungen führt kein Weg vorbei! Mithilfe der zwölfjährigen Matilda stellt sich Rory dem schwersten Fall seiner Karriere ...

www.ueberreuter.de
Folgt uns bei Facebook & Instagram

Barbara Zoschke
**Sonnengelb & Tintenblau oder:
Der Sommer, in dem ich zu
schreiben begann**

256 Seiten
Hardcover
ISBN 978-3-7641-5196-6

Ab 11 Jahre

ebook

Tauche ein in einen Roman, der dich selbst zur Autorin macht!

Die 13-jährige Edith verbringt die Sommerferien im Landhotel ihrer Oma.
Doch so öde wie befürchtet, wird es gar nicht: Denn schon kurz nach
ihrer Ankunft erhält sie sehr geheimnisvolle Schreibaufträge. Von wem
sie kommen? Das weiß keiner! Überaus mysteriös das Ganze ... Doch nach
kurzem Zögern greift sie zum Stift und hat schon ein Gedicht oder eine
kleine Geschichte geschrieben! Bald wartet sie darauf, weitere Aufträge
zu bekommen. Bis sie einen Liebesbrief an sich selbst verfassen soll! Eine
wahre Schreibblockade bahnt sich an ...

Die perfekte Kombination aus Roman und Kreativbuch mit 21 Schreib-
anregungen!

www.ueberreuter.de
Folgt uns bei Facebook & Instagram

Elke Satzger
**Finnja Feentochter
und die sieben Gefährten**

288 Seiten
Hardcover mit s/w-Illustrationen
ISBN 978-3-7641-5198-0

Ab 11 Jahren

ebook

Traust du dich ins Land der Sumpfhexe?

Die 13-jährige Finnja ist fassungslos: Der Drachenfürst Dragon und die grausame Sumpfhexe haben ihre Mutter entführt – die Königin des Feenlands. Mutig wählt Finnja sieben Gefährten für die beschwerliche Reise ins Land der Sumpfhexe. Dazu gehören ihre beste Freundin Maja, der Troll Wuhuu, ein wehleidiger Drache – und Leon, ein Menschenjunge.

Leon, der auf der Suche nach seinem verlorenen Smartphone im Feenreich gelandet ist und nicht glauben kann, dass Finnja seine »Smatfo-Magie« für ihren größten Trumpf hält. Doch auf das, was die sieben Gefährten auf ihrer Reise erwartet, ist keiner von ihnen vorbereitet ...

Ein bildhaft und atmosphärisch erzähltes Abenteuer mit außergewöhnlichen Illustrationen. Ein Buch, das bis zur letzten Seite fesselt!

Akram El-Bahay
Henriette und der Traumdieb

400 Seiten
Taschenbuch
ISBN 978-3-7641-2000-9

Ab 11 Jahre

Wenn Träume verschwinden ...

Keiner träumt wie Henriette. Jeden Morgen erinnert sie sich klar und deutlich an die Abenteuer der vergangenen Nacht – sogar herbeiwünschen kann sie ihre Träume. Doch eines Tages schlägt ein Traumdieb zu. Jede Spur von dem letzten Traum ist wie ausradiert. Obwohl der alte Buchhändler Anobium sie warnt, beschließt Henriette, den Dieb zu suchen und zur Rede zu stellen. Ihr Weg führt sie durch schöne und böse Träume, in die heiße Wüste, in den finsteren Wald der Alben und zu einer Tür, hinter der etwas Schreckliches lauert ...

www.ueberreuter.de
Folgt uns bei Facebook & Instagram